走吧!

無患子 著 / 余惠櫻 繪

和大自然做朋友

學習走進繁花似錦的大自然

「人」——從離開母親的子宮就來到有人、有自然、有建築且包羅萬象的世界。不過，這個世界與之相遇的原不只有人，還有雲、山、水、石、樹、草、花、動物、不同形式的建築與空間、習俗、信仰、故事等所謂的大自然。人是徜徉在「人與人」、「人與自然」、「人與社會」的成長氛圍中，體驗了人生。可惜是「人」卻在就學、就業與成家的歷程，因忙碌而忽略了對身邊萬物的駐足與探究，對這個俯拾皆是人生養分的大自然視而不見，也總在諸多理由中，理所當然的忘了「自然」所孕育的存在感！

《走吧！和大自然做朋友》這本書，是鄭文欽陪伴社大夥伴一起探索北台大自然近六年的規劃及探索的紀錄。從小生活在臺南縣仁德鄉的他，童年生活在稻田、圳溝、竹林與豬舍環境中，開啟他與自然的結緣。淡江環工所畢業後，他在八里環教中心、新北環保局水漾志工與荒野保護協會當志工。服務的機會也讓他重燃親近自然、探索自然的本性。他總是提醒自己，親近自然要先放下開車的習慣，以更尊重及學習的態度去接觸自然，同時他也提醒自己要打開人的五感，從眼觀、耳聽、鼻聞、皮膚觸感、適時品嘗等形式去認識、體驗自然。就在腳踏土地、五蘊開啟後，過去錯過的生態美景一一呈現眼前，也發現原來大自然這個朋友還真是有趣！

個人在閱讀完無患子所寫的《走吧！和大自然做朋友》這一本書後，驚喜的感受到書中淺顯卻充滿情感的文字敘述；詳盡的自然探索路徑；清楚的影像紀錄；周到心細的交通工具與動線提供。喔！在我居住的環境中，原來有這麼多可以探索的秘境！原來生活的周邊是這麼的多采多姿！原來人是一直生活在繁花似錦的大自然裡！原來我以為的忙碌，卻讓我失去擁抱美好大自然的世界。

感謝《走吧！和大自然做朋友》這一本書貼心地喚醒了我。明天，我就要歡欣地擁抱繁花似錦的大自然，重啟探索「人與自然」的純真，朋友！我們一起去探索、沐浴在自然的懷抱吧！只要人手一本《走吧！和大自然做朋友》這本書，你就可以輕鬆地來到生活的自然、自然的生活。

張寶釧

曾任國小教師、博物館館長、樂齡中心主任

我會和大自然做朋友

我認為無患子是有企圖心的走讀大自然。《走吧！和大自然做朋友》運用寫實的敘事觀點，紀錄作者在大自然涵容下的感動。無患子分享走讀步道、山溪、埤塘或公園……作品內容有無患子不由自主被大自然吸引、包羅萬象的生態知識、保育觀念的精神傳承、土地與人的牽絆，種種面向最終都歸順到─走吧！和大自然做朋友。

我尤其喜歡〈尋找淡水的淡水〉，不只因為臺灣第一套自來水供水系統就出現在日治時期的淡水街，而是作者體會好水尋來不易，多次由下游往上游探尋這個淡水的淡水水源，以及作者說的這一段話「溪水色黯淡不太起眼，其實它是承受了繁華街道的人為汙染才蒙塵，沿著水線上尋，可以發現水質愈往上游愈清澈。」既像一則自然的永恆警示，也像覺醒大自然法則的智慧生成。含蓄卻奧義，渺渺高深，可咀嚼餘韻。

每一路線的後面有「同場加映」，提醒所有的讀者，千萬別跳過。現在看完電影，觀賞者都不會急著走出電影院，渴望片尾能播出的〈幕後花絮〉，有時看導演拍片的專注、有時是演員拍片NG的糗樣、或對演時醞釀情感的尷尬、或因劇情受傷忍痛完成動作……，很真實的畫面，雖不是主劇情，卻緊緊繫住觀看者的情感。而「同場加映」就有這樣的效果，不單看見無患子拍攝的功力，也見作者對一花一草的情感，一景一物的認真與細膩。

《走吧！和大自然做朋友》可以感知大自然之美無所不在，不管是近郊或都市，隨時隨地都能與大自然做最好的朋友。讓我們一起跟著作者探訪，循著小徑、水源或山溪，讓自然走進我們的生活吧！

吳惠花

新北市淡水國小校長

國立台北教育大學兼任助理教授

當前環保趨勢最需要的低碳自然小旅行指南

搶先看到無患子這本《走吧！和大自然做朋友》，心裡不禁歡呼～這是當前環保趨勢最需要的低碳自然小旅行指南啊！

無患子加入荒野保護協會的推廣講師志工也十年囉，聽聞他要出書，可以理解就是他很有邏輯＋愛分享的具體展現。因為畢業於淡江水環所的背景，無患子對溼地生態特別了解，當溼地教案要改版時，他也擔起編撰重任，對於如何化繁為簡傳達溼地之美，無患子有他獨到的詮釋方式。

無患子平常私底下並不是個嗨咖，甚至還頗為低調，但一上台演講可精彩了，說學逗唱樣樣來，總讓台下觀眾意猶未盡。每次志工培訓邀請他來為學弟妹示範教案，PPT簡報硬生生就被他演成舞台劇！又是表演划船、又是唱歌、又是學鳥音……大家上課好開心！但也產生嚴重的副作用：沒人敢選這套教案，理由是擔心無法表現得跟無患子一樣好。

推廣講師在室內介紹台灣之美，目標是鼓勵聽眾親近自然，於是無患子親身帶大家走出去，只靠大眾交通工具和雙腳，48條路線優游於大台北的山海之間，因為慢下來了，步步皆有迷人的景致。

書裡很特別的「同場加映」是一般旅遊文沒有的，無患子帶你聞嗅一株春天盛開的苦楝花香，俯首拾片綠草上的豔紅鳳凰花瓣，尋聽隱身在樹幹上的螻蛄鳴唱，為辛苦抓魚的夜鷺加油，或坐在古蹟長廊上發呆吹風。我們不再當個匆匆趕路的遊客，而是來拜訪朋友，聽讀他們的故事。

我們追尋世界浩瀚風景的新奇，也需要貼近生長土地的歸屬感。可能有人發現，書裡有些地方須要團體申請，有些活動要一群人才好

安排體驗，怎麼辦呢？誠摯邀請你來參加荒野或社大，這裡有志同道合的夥伴，與你、與大自然做朋友！

藍培菁・藍鯨

荒野保護協會副理事長、推廣講師召集人

目錄

一、臺北捷運PaPaGo

四、東北海岸好風光

五、水水世界沁心涼

六、水漾溼地好生態

油畫作品-直行無悔　繪者：林淑純

自序

　　和大自然的緣分是從小就開始，小二的那一年父親帶著一家人，從熱鬧的臺南市區搬到了當時還是鄉下的臺南縣仁德。老爸買的地不算小，但有遠見的只在中央起造一間平房，四房兩廳的格局足夠一家生活，房屋的四周全部留給果樹與青菜，所以每年都有吃不完的芒果、龍眼、椰子與酪梨，四十幾年過去了那棵老龍眼樹還是每年結實累累、果香濃郁。

　　由於當時老家的四周都是稻田、圳溝、竹林與豬舍，所以庭院內最不缺的就是蜻蜓與蚱蜢，路上隨處可見放養的山羊與黃牛。白天的「放電」行程是追牛車與放風箏，晚上的休閒娛樂就是到田裡抓青蛙和看星星。全家都過得很開心，但住都市的親戚們卻常有疑問，為什麼父親要離開繁華的市區移居到仁德鄉下？我想那是老爸對土地、對自然的一片熱情吧！

開心探索大自然的美好

和大家一起走讀是最快樂的時光

或許我也繼承了父親對自然土地的熱情，只不過是在我四十多歲才萌芽，陸續和八里環教中心、新北環保局水漾志工與荒野保護協會結緣。然後就在107年的秋天，憑著一股對大自然的熱情，到萬華社大開了一堂自然走讀課「走吧，和大自然做朋友」，和一群一樣擁有自然心的同學們，一起在每週五走讀臺北盆地、擁抱大自然。

台南仁德老家

改建前的臺南仁德老家

無患子の自然走讀

12:13

《大淡水環保志紀錄片》　無患子的自然走讀　：
—鄭文欽

大淡水環保志紀錄片

「走吧」有兩個意思，一個是吆喝、邀約的意思，邀請大家一起走向大自然；另一個就是真的用雙腳走吧！先放下開車的習慣，從瀏覽大自然轉變為走讀大自然。特別提醒，走進大自然時記得先把嘴巴閉起來，這樣你的眼睛會打開、耳朵會打開、鼻子也會打開，當你腳踏土地、五蘊開啟，過去你錯過的生態美景會一一呈現眼前，更會發現大自然這個朋友還真是有趣。

大淡水環保志紀錄片
-無患子的自然走讀-

大淡水環保志紀錄片影片

經過數年的慢行走讀後，深深感受到雙北地區的得天獨厚，有美麗的山海、宜人的氣候更有便利的交通。只要你願意，包含都會公園、郊山步道、山溪水圳、溼地埤塘、岬角漁港，只要走出捷運、搭上公車，用雙腳就可以走得很精彩。我覺得走讀是愛土地的具體行動，剛來臺北時我認為自己是個住淡水的臺南人，但現在覺得自己是來自臺南的淡水人，這兩個身分並不衝突，融合得非常完美。

為了分享自然走讀的喜悅，我每週都會將課程內容以及課前場勘的紀錄，整理成短文Line給親朋好友，也放在FB的粉絲專頁「無患子的自然走讀」，希望有緣的人也可以感受自然的美好。轉眼這堂自然走讀課，即將在112年春天進入第十個學期，於是便將這些紀錄重新整理並集結成冊，分別依照捷運可到、公車可到、雙北郊山、東北海岸、水圳步道、水漾溼地等章節，整理出48個用大眾運輸工具就可到達的地點，期盼對於想親近大自然的朋友能有些幫助。

感謝萬華社區大學對於這門課的支持，更感謝萬華社大「走吧，和大自然做朋友」專班所有同學的支持，沒有你們就沒有這麼精彩的課程紀錄；還要謝謝淡江大學大傳系學弟妹，在拍攝「大淡水環保志」時專訪我們這一班，還一起跟拍到金瓜石上課，為我的環保生涯留下了可貴的影像紀錄；更要感謝我的家人，尤其是太太的力挺與體諒，照顧家庭讓我假日經常外出場勘，無後顧之憂。最後要感謝的是

南山馮影總監，因爲馮總監的鼓勵，我才有提筆寫作的起心動念，也將這本書獻給馮影總監。

無患子

2023.01.24　新北淡水

五股溼地賞燕平台的黃昏

打開自然之眼

（原刊於綠獎－環保綠知識2017-08-04）

　　每次看著住家騎樓下飛進飛出的家燕，就會想起當初自己擔任環境教育志工的觸發點，在多年前的一次五股賞燕活動中，夕陽餘暉下，成千上萬的燕群在溼地蘆葦叢上方飛舞，望著令人驚嘆的景象，只記得自己的嘴巴像孩子似張得大大的，思緒中抽出許多問號，為什麼五股溼地離我的生活圈如此之近，而我卻不知燕群如織？為什麼已經四十多歲，而我對大自然的記憶，卻只停留在國小階段？為什麼從國中、高中、大學到出社會這一大段，對周遭自然環境的認識呈現斷層式的空白？也幾乎就在那一瞬間，我驚覺原來我的自然之眼關閉了一大段時間！

從那次與家燕的相遇之後，我開始重新用自然之眼觀察身邊的自然事物，發現「春天」不只是一個書本上的名詞，更是生活中的動詞，而它就在草地的黃色小花裡、在行道樹樹梢的新芽上。原來辦公室旁的行道樹是茄苳、榕樹，分隔島上的是樟樹與臺灣欒樹，遠一點的路旁還有白千層、木棉和楓香，而且各有各專屬的花朵與果實，也有專屬的大自然昆蟲粉絲、鳥兒粉絲幫它們繁衍生命。

現在每天上班都會和樓下的茄苳樹打個招呼，偶爾到附近的國小校園數一數圍牆邊的大王椰子到底活了幾歲，行走間可看見巷弄的小草地上有黑冠麻鷺在拉蚯蚓，就連不起眼的水溝裡，都能發現一條條黑眶蟾蜍的卵。重點是，自然之眼打開後耳朵也跟著靈敏了，隨著夏天的來臨，可以驚喜的聽見這些樹上住著喜鵲、八哥、麻雀、綠繡眼還有不少的白頭翁，平地的蟬鳴聲是氣聲的「41（用短聲唸4、用長聲唸1）」，山上的蟬鳴聲是一般聲的「51（用短聲唸5、用長聲唸1）」，郊山步道水邊的啾啾聲是「鳥蛙」，水溝蓋裡的汪汪聲是「狗蛙」，這些都是過去未曾有的體驗。

漫步宜蘭五十二甲茼蒿菜田

我想，以前的我對這些再自然不過事物會視而不見，是因爲與生俱來的觀察力被生活瑣事所遮蔽，因爲在都市的生活裡「嘴巴」用太多，其他的感官就退化了。所以我開始試著把生活觀察的喜悅寫成一段段的短文，配合自己拍的照片，每週一篇分享給身邊的人、Line好友、FB好友，時間久了，發現不少朋友、同事也漸漸打開了自然之眼，跟著我一起看見春天的顏色、聽見夏天的聲音。很多朋友都問，爲什麼我有那麼多時間到處走走，其實我和大家一樣要上班、一樣很忙碌，只不過多開了自然之眼，在日常生活中多了一些觀察、多了些紀錄、多了一些分享。

　　我相信，人在不知不覺中破壞了環境，大部分的原因是覺得周遭環境和自己沒有關係，會覺得沒有關係則是因爲尙未好好認識它，只要認識了就和環境有了關係，彼此有關係就不容易去破壞它，就像我每天打招呼的茄苳樹，成爲好朋友之後就不會沒事就去踹它一腳囉！

　　打開你的自然之眼，找到屬於你的那棵茄苳樹吧！

紅嘴黑鵯那像嬰兒一樣的可愛叫聲

讓自然走進生活

（原刊於綠獎－環保綠知識2017-09-22）

　　淡水的夕陽很有名，但不一定天天都看得到，住在淡水二十多年，看到的反而是沒有夕陽的淡水居多，其實只要有些人、有些光線、有艘渡輪經過，沒有夕陽的淡水依舊美麗。在平常的居家生活中，最喜歡的就是到河邊散步，而淡水河岸的最佳賞味期就在非假日的傍晚，人有點多但不會太多的時刻。經過這幾年的環境志工洗禮，心中有一個體悟，就是想接近自然不一定要到深山，最好的方法就是讓自然走進自己的生活，就從居住的地方開始探訪，於是上半年我給自己訂了一個主題─尋找淡水的淡水。

　　身為淡大校友，知道淡江大學旁有條水源街，但一直到這次的探訪才知道，水源街底的雙峻頭水源地是臺灣第一座自來水廠的水源，從日治時期1899年持續運作至今已超過119年，成為早年淡水街區發展基石，也因為這個水源地才讓淡江大學周邊地區終年不缺水。今年

淡水河邊天天都有美麗的黃昏

需要事先申請才能參訪的雙峻頭水源地

春初，帶著一群朋友從淡水捷運站出發，沿著庄子內溪與水圳一路上行，尋找淡水的淡水源頭，除了感受到百年水利工程的用心，也深深體會高山青這首歌的歌詞涵義—高山長青澗水就會常藍，終年不斷的水源來自青蔥的高山與森林。

新店碧潭和美山是容易親近的環境

從淡水出發回溯淡水河水系，新店溪與大漢溪在板橋江子翠匯流後開始稱為淡水河，經過一段蜿蜒後基隆河續於關渡地區匯入，自此臺北地區的發展與這三條河川息息相關。住在臺北的朋友，可以花點時間用步行或單車的方式分段走訪河岸，會有與開車移動截然不同的感受。如果有機會體驗從關渡碼頭到大稻埕碼頭這一段的藍色公路，就更可以體會先民水上貿易脈絡與迪化街繁榮的由來，從河面的移動視角看臺北市，頗有一種小曼哈頓的感覺！

淡水河系的大漢溪、新店溪與基隆河，其左岸右岸風光各有巧妙（面對下游方向，左手邊是左岸右手邊是右岸），從八里左岸挖子尾、五股溼地、關渡自然公園、社子島周邊、大漢溪人工溼地、新店

溪碧潭和美山……等等，都是交通非常方便的區域，從家裡出發坐上捷運或公車都是半天可以探索的範圍，這可能也是臺北人專屬的幸福。臺北盆地四周有山有水、得天獨厚，自然生態非常多樣精彩，陽明山、大屯山、內湖郊山、木柵深坑石碇郊山處處是寶，帶著自然之眼多多觀察，一定會有讓自己驚喜的收穫。

　　當自然開始走進生活，你會發現自己的觀察能力與美學素養都會跟著提升，反映在生活之中，就是拍照取景時會更有美感、餐桌上的擺盤會更賞心悅目，連單純坐捷運都可以讓自己看到不同角度的美景，這應該是接近自然的附加價值吧。一位教高中數學的好友向我分享，大自然的美感往往來自簡單的複製，波浪、漩渦、雪花、葉脈、無限花序……等，皆是如此。數學中的碎形公式就可以用來描述自然界的碎形造物，從大自然中學習，是真有其脈絡可循。

　　植物吸收二氧化碳行光合作用釋放出氧氣，人們則藉由呼吸作用，利用氧氣轉化食物釋出能量。所以其實從出生開始，氧氣與二氧化碳就在我們與門前的那棵大樹間流轉，也難怪我們往往會對自己老家旁的老樹情有獨鍾。人們常說凡走過必留下痕跡，有時想想還真有道理，人類與周遭的自然萬物早就彼此留下無可磨滅的印記。

　　很多地方都有水源地、水源街，就從探訪你家附近的水源開始，循著水聲讓自然走進你的生活吧！

生活中的自然充滿許多碎形的美感

非常療癒的林下綠色世界

為環境永續盡一份力

（原刊於綠獎－環保綠知識2018-04-06）

　　最近在體驗用聲音重新認識周遭環境，工具是聽診器和圓盤集音器。聽診器用來聽「樹的聲音」以及聽「樹聽到的聲音」，因為樹的傳導性很好，幾乎什麼聲音都聽得到。透過樹，在台北聽到的是人聲、車聲、馬達聲，而在山裡聽到的是風聲、流水聲、樹枝掉落的聲音。而圓盤集音器對高頻的聲音較敏感，所以對鳥聲和流水聲聽得特別清楚，如果在安靜的場域，連鳥兒對話的情緒都可以分辨得出來。但相對的，集音器對於都市環境中各式交通工具、施工機具的聲音，也一樣聽得鉅細靡遺。

　　透過這樣的聲音體驗，心中最大的感觸是，我們在日常生活中除了製造出不少有形的廢棄物，更製造了很多令人不悅的噪音。動物還能跑，但植物還滿慘的，只能默默地接受無法反抗，難怪路樹一副不大快樂的樣子。從大安森林公園周邊的超高房價來看，人們應該是

聆聽溼地水鳥與樹聽到的聲音

喜歡親近自然的，但卻拼命營造出各式動植物不喜歡的環境。仔細想想，就算只是為了人類自己，還是少製造點噪音吧！

除了少製造點噪音，我們還真的有不少事應該持續去做。首先就是減少塑膠使用量，尤其是一次性的塑膠用品，造成塑膠氾濫的主因絕大部分是人們不願改變用完即丟的使用慣性。而不願改變的原因，往往是沒見過超量塑膠對環境的危害，只要參與幾次淨灘活動，親眼目睹一次性垃圾對環境、對生物的衝擊，相信每個人多少都會願意去配合政府的各種減塑政策。

現代社會無法避免使用塑膠，但每個人都要多多思考如何循環使用，不只是塑膠，每一項天然資源都應該如此。仔細想想，垃圾似乎是現代人類社會的特產，在沒有人類的地方是不會產出垃圾的，大自然的設計就是一套設計完美的循環式運作，包含碳循環、氮循環、水循環……等，有機物、無機物、動物、植物的新陳代謝都是環環相扣，一個流程的結束是另一個流程的開始，我們應該虛心學習。

還有一項不該是廢棄物的廢棄物，那就是廚餘。台灣人製造廚餘的能力和歐、美大國相當，每人每年96公斤的產量在亞洲更是超越中、日、韓，排名第一。但是我們並沒有那麼多的豬可以吃廚餘，也沒有那麼多的堆肥廠可以消化廚餘，最後往往是瀝乾之後送進焚化爐，所以請大家吃多少煮多少，煮多少吃多少吧！另外，我們還有一

沙灘上等待分類的各式破碎化的垃圾

個不好的習慣，就是用眼睛吃食物，造成許多外觀不夠漂亮的食材，還沒到廚房、餐桌，在產地、在海關直接被判死刑，這就是美食的代價與舌尖上的浪費。

我們都想要將一輩子打拚累積的資產永續傳承給後代子孫，其實更應該好好想想如何將環境資源也永續傳承給後代。永續發展的基本定義，就是滿足當代需求且不影響後代滿足其需求的發展，簡單的說就是「取所當取、休養生息，尊重自然、珍惜資源」。融入生活的做法就是「減塑、減速、簡素」，減少塑膠用量、減少消耗速度、生活簡單樸素，把「耐用成爲流行、循環就是時尚」轉化爲一種生活態度。想想如果有一天，大家見面的時候，衣服穿越久越時尚、手機用越久越潮牌，那環境應該就有救了！

推廣環境三部曲「打開自然之眼、讓自然走進生活、爲環境永續盡一份力」，一直是我擔任環境教育志工努力的方向。而這種漸進式的調整，也滿適合長年爲生活、爲工作打拚的每個人，大家不妨試試。

大自然的永續循環值得我們虛心學習

淡水海上人家，又有淡水蜑家棚之稱。
見證過去淡水漁村歷史，現又剩幾間殘存。
再過幾年也許會完全消失。

淡水.
海上人家
2022.07.19

淡水庄子內溪溪口
水上人家
繪者：余惠櫻

一、臺北捷運PaPaGo

　　臺北的捷運系統四通八達，不管紅線、藍線、黃線、綠線，每個捷運站都是自然探險的起點，只要出發就會有令人驚豔的自然體驗。

路線1
滬尾老街采風行

　　滬尾是淡水的舊稱，而名字的由來有多種傳說，其中一個是滬尾之名來自臺語的雨尾。因有觀音山與大屯山的屏障，如水氣自北海岸而來，雨下到淡水即停；而水氣如反方向由臺北市區往西北方向下，過了關渡雨也會停。所以不論從那個方向來都是雨的尾巴，故以雨尾為名以滬尾記錄之。

淡水街長多田榮吉故居　　攝影：詹曉雲

　　當臺北郊山下雨時，淡水老街就成為我帶戶外走讀的最佳雨天後援，況且就算下點小雨，也無礙滬尾的迷人韻味。淡水的發展源自淡水河，街道地景奠基於起伏的五虎崗，五虎崗則來自大屯火山熔岩。老淡水人帶走滬尾，當然要帶出小山城的樣貌，捨大路就巷弄是一定要的，適量的上坡與下行，會在山水與建築之間帶出如畫般的味道。

　　從捷運站出發從淡水河岸逛起，沿岸有成排木麻黃、苦楝、黃槿與大葉欖仁，放慢腳步選個喜歡的位置或坐或站，傾聽一下河水拍打堤岸的聲音，再和對岸穩重的觀音山打個招呼。接著在中正市場小廣場右切福佑宮，從廟門右方走進重建街，於小廟右切上行清水巖。清水巖位於五虎崗的第三岡崎仔頂，是淡水人的信仰中心之一，廟旁的清水街是早期漢人市街的核心區域，而清水街上的傳統市場一早即人聲鼎沸，是淡水人生活脈動的具體呈現。

　　沿著清水巖旁的小徑下行先來到淡水警官宿舍，再上行沿重建街

小巷到紅樓及木下靜涯紀念公園，接續下行階梯後會來到偕醫館、禮拜堂。在偕醫館與禮拜堂之間有一株白花緬梔老樹，如遇夏季白花盛開之際，可在樹下稍作停留享受沁蜜花香。循馬偕街前行步上人行天橋後，請務必走進多田榮吉故居，體驗昔日淡水街長專屬的水岸第一排無敵河景，幸運的話還會遇上楊桃樹上排排站的可愛小楊桃。淡水的知名小吃阿給的發源地，就在街長故居後方的眞理街，三家老店各有特色、任君選擇，適合用來中途補充體力。

回程可沿馬偕街下行滬尾漁港，再沿河岸榕堤慢慢散步走回淡水捷運站，陪伴你的是一樣的淡水河、一樣的觀音山，但不同的方向會有不同的光影，波光粼粼的淡水河值得細細品味。持續進化中的淡水老街區，有山、有水、有海、有景，放緩腳步是滬尾采風行的主軸，畢竟一直前進也一直錯過，暫停可以讓生活更有深度。

滬尾漁港　攝影：曲惠蓮

📍 推薦路線 〰〰〰〰〰〰〰

淡水捷運站～淡水河右岸～福佑宮～重建街～祖師廟～日本警官宿舍～紅樓～木下靜涯故居～偕醫館～淡水教會～淡水街長故居（阿給）～滬尾漁港～榕堤河岸～淡水老街～淡水捷運站

淡水河畔金色水岸廣場　攝影：呂碧霜

1.重建街往清水巖石階小徑　攝影：曲惠蓮
2.重建街口許順記前　攝影：余惠櫻
3.馬偕街口奇幻街屋　攝影：余惠櫻
4.街長故居前遠眺觀音山　攝影：曲惠蓮
5.偕醫館、禮拜堂與白花緬梔　攝影：無患子
6.通往紅樓的祕密小巷　攝影：詹曉雲
7.有紅磚拱門迴廊的紅樓　攝影：余惠櫻

淡水捷運站的紅花緬梔

　　淡水的老街區有不少白花緬梔老樹，尤其是舊時外國人聚集的區域，也就是從偕醫館一路往淡江中學、紅毛城的帶狀區塊。不知道大家有沒有注意，就在淡水捷運站的後方公園，有幾株美麗的紅花緬梔，雖然樹齡不高，但卻異常吸引人。

　　粉紅色的花無論綻放枝頭或落於草地，都有迷人的角度，難得的是這次發現其中一株結出了八字眉果實，就是照片左下角的「肥肥鼓棒」，成熟後會開裂，風一吹就會飛出翅果。

　　來到淡水別急著往老街衝，後方的公園其實相當精彩，有幾株經典老榕樹、水黃皮、茄苳、大葉欖仁、中東椰棗、木麻黃……等，四季輪流值班演出，冬天的淡水河岸更有冬候鳥及烏魚的加碼演出。

淡水捷運站的紅花緬梔
攝影：無患子

滬尾漁港的白鷺捕食秀

　　相信很多人都知道，淡水的老街尾靠近紅毛城的那一端，有一個滬尾漁港，會停泊多艘傳統的滬尾舢舨漁船，也是許多遊客會駐足的景點。

　　一日和家人散步到碼頭邊時，看到遊客們對著一群大白鷺猛拍照，原本以為又是人們在餵食，走進一看才發現，是因為魚群在漲潮時游進碼頭港區，而大白鷺呼朋引伴正在上演捕魚秀。

滬尾漁港的白鷺捕食秀　攝影：無患子

　　大白鷺可能脖子太長，捕魚時會先向後縮再加速度向前衝，整體動作沒有小白鷺那麼犀利，要2～3次才會捉到一隻魚，一些小朋友看得哈哈大笑。不只本國遊客，許多外國的朋友也都拿起相機捕捉這些精彩畫面。

　　多保留一些空間給這些鳥兒，單純而友善的觀察會比餵食引誘拍照更能吸引人。

路線2
淡江精緻小森林

　　淡江大學是我的母校，陪伴了我六年的時光，自85年研究所畢業已經二十五個年頭，加上我一直居住淡水，習慣它的存在已經超過三十年。淡大的校地不算大，卻非常立體而精緻，從79年首次踏進校園就喜歡上它。淡江校園位處滬尾五虎崗第四崗－大田寮，屬於大屯火山系所延伸的熔岩流尾稜，美麗的宮燈道就位處於熔岩地形的脊線上，由此眺望觀音山與淡水河令人心曠神怡，是昔日滬尾八景之一，也是所有淡大校友的共同回憶。

　　從淡水捷運站出發走英專路，到清水街口屈臣氏時右切仁愛街一巷，順著路走就可接上克難坡安山岩石階梯，這個地方在大雨時就會變成傳說中的克難坡大瀑布。階梯兩旁是有年紀的木麻黃老樹，板根線條優美、蒼勁有力，坡頂就是驚聲銅像廣場，也是宮燈大道的起點。

文學館旁的林蔭道　攝影：無患子

正圓形的驚聲廣場，搭配半圓形的多層階梯，站在中心點說話，透過聲波的反射會清楚的聽到自己的聲音，猶如古羅馬劇場的神奇效果。

　　廣場旁有一棵壯碩的老苦楝，粗壯的樹幹同樣充滿力與美，值得駐足欣賞。續往上行，在宮燈大道南側與水源街之間的山坡，有一個小而美的中式庭園，後方延伸出一片帶狀小森林，裡頭有高大的木麻黃、檸檬桉、大葉桉、鳳凰木與臺東漆樹，森林裡還加碼了一個于右任題字的隱藏版祕境涼亭-先覺亭。沿著林下步道可以連上被南洋

杉、檸檬桉、正榕、竹柏、
美人樹環抱的陽光草坪、牧
羊草坪。

　　從我畢業後至今經過已
經過二十多年的寒暑交替，
校園樹木儼然已有小森林的
雛形，有空可以來淡大校園
走走逛逛，順便造訪一下館
藏豐富的海事博物館喔。

白花緬梔　攝影：無患子

📍推薦路線 ～～～～～～

捷運淡水站～英專路～克難
坡～驚聲銅像廣場～木麻黃
林～宮燈道～帶狀小森林～
陽光草坪～牧羊草坪～書卷
廣場～海事博物館～文學院
林蔭道～淡大公車站～紅27
公車～捷運淡水站

驚聲銅像廣場　攝影：無患子

克難坡上的高大木麻黃　攝影：曲惠蓮

1.驚聲廣場旁的大苦楝樹　攝影：無患子
2.宮燈大道旁的中式庭園　攝影：無患子
3.帶狀小森林一隅　攝影：無患子
4.高大美麗的檸檬桉　攝影：曲惠蓮

1.美麗的宮燈大道　攝影：無患子
2.于右任題字的先覺亭　攝影：無患子
3.可遠眺觀音山的森林一隅　攝影：無患子
4.被大樹環抱的陽光草坪　攝影：無患子

苦楝花的香氛記憶

　　一年四季中自己最期待的花訊，就是春天的苦楝，因為那是最深刻的香氛記憶。自民國79年負笈北上淡大就學，每年春天經過大田寮側門時，空氣總有一抹優雅綿長的花香迎面而來，雖不知源自何物，意象卻已深印腦海。

　　直到近年才猛然發現，那一抹花香來自美麗的苦楝紫花。淡大側門公車總站後方，藏著三株高大的苦楝老樹，年年在春分時節開滿紫花，從前來去匆匆不懂抬頭欣賞，現在年年期待春分的苦楝香，那是三十多年的香氛記憶。

　　苦楝樹花美、味香、樹型佳，什麼都好就只差名字取得不好，所以一些志工好朋友就以其春天淡紫小花與冬季金黃果實的特徵，為其另取一名實相符的新名——「紫花黃金楝」，期待叫著叫著，有朝一日苦楝能以此名重現花界。

淡大側門外的苦楝香花
攝影：無患子

苦楝的紫色香氛記憶
攝影：無患子

路線3
紅樹林生態散步

　　淡水的水筆仔紅樹林名氣很大，在臺北走跳的朋友就算沒有親眼看過，也應該知道有個紅樹林捷運站，而在站體的後方就有一個散步小祕境，就是紅樹林生態木棧道。木棧道就隱身在綠意盎然的水筆仔純林之中，可以近距離觀察水筆仔特殊的四季變化。為了適應感潮帶較艱辛的環境，水筆仔演化出特有的胎生現象，春天開白花、夏天結果實、秋天長胚軸、冬天滿枝頭，和人一樣懷胎十月，五月開花經歷春夏秋冬後，筆狀胚軸大約會在二月成熟，討喜的曲線掛滿樹梢，等待時機離開母株，便乘著潮水闖蕩世界。

　　沿著步道兩側，尚有黃槿、竹林、相思樹、小葉桑，夾道綠蔭清涼舒適，就算下點小雨也不怕，令人驚喜的是，退潮時在木棧道下就可見覓食中的網紋招潮蟹與大、小彈塗魚，看牠們打架、吃飯的樣子真的很療癒。這條步道與捷運沿線的單車道相連接，可以一路延伸到淡水捷運站，特別推薦三、四月來這感受春天的氣息，因為此時的步道陽光剛好、溫度也剛好，心情也會跟著好。

綠意盎然的紅樹林木棧道
攝影：無患子

你會發現整條路上樹很忙、花很忙、蜜蜂也很忙，鵝掌藤長出淡紅的小手掌，臺灣欒樹熟透的蒴果緩緩落在木棧道上。樹叢間冒出新葉，雀榕的樹幹也長出水嫩的隱花果，準備迎接榕果小蜂的到來。步道上羊蹄甲、櫻花盛開，蜜蜂忙著在花叢間採蜜；金桔樹開著精緻的小白花，而柚子樹則準備好大大的花苞隨時待放，在冒出芽苞與花苞的樟樹叢中，會有抓著獵物的白色蠅虎隱身其中。

當你走出步道別急著往淡水老街覓食，建議先到步道口俗稱殼牌倉庫的英商嘉士洋行繞繞，有古樸的紅磚倉庫、高大相思樹與殼牌老樟樹，值得細細品味。

殼牌倉庫大門　攝影：無患子

水筆仔小巧美麗的花朵　攝影：無患子

🏷 大致路線 〰〰〰〰〰

捷運紅樹林站2號出口～紅樹林生態步道～單車道步道～黃槿林～殼牌倉庫～捷運河岸廣場～捷運淡水站1號出口

1.有很多彈塗魚的池子　攝影：無患子

2.木棧道下的網紋招潮蟹　攝影：無患子

3.步道旁的紫花酢漿草　攝影：無患子

4.曲線窈窕的水筆仔　攝影：無患子

5.雀榕樹幹上的小榕果　攝影：無患子

6.單車步道淡水端　攝影：無患子

7.臺灣欒樹裂開的蒴果　攝影：無患子

8.殼牌倉庫鐵道磅秤　攝影：無患子

9.殼牌倉庫旁水上人家　攝影：無患子

10.殼牌大樟樹　攝影：無患子

自備吸管的長喙天蛾

在動物的世界中，自備餐具是基本要件，尤其在昆蟲界更是如此，會為了求生存而演化出各式各樣的口器，像多數的蛾與蝶都自備了長短不一的吸管，平時不用時捲起來，享用花蜜大餐時伸直就行了。

在防疫期間無法出遠門的狀態下，只能偶爾在路邊的大花咸豐草白花中，尋找昆蟲的身影，這次幸運的遇上長喙天蛾與大黑星弄蝶來用餐。更幸運的是在慌亂之中，還能分別留下弄蝶口器在彎曲與伸直時，不同模樣的影像紀錄。

長喙天蛾的飛行能力很強，翅膀每秒震動70～80次，以人的視力幾乎看不到地拍動的翅膀，所以又被暱稱為飛行的蝦子。取食時會定點於空中，伸出長長的吸管狀口器吸花蜜，特殊的飛行特徵，在臺灣經常被誤認為蜂鳥。

這次能夠留下長喙天蛾的凌空畫面，可說是中了超級大獎。

正在吸花蜜的長喙天蛾　攝影：無患子

長喙天蛾吸食花蜜

長喙天蛾吸食花蜜影片
攝影：無患子

路線4
臺北藝大觀稻浪

　　到臺東池上賞稻浪很正常，但想在臺北市遇見迷人的稻浪好像有點難想像，但這一切不是想像而是真的，就發生在關渡平原。大度路兩旁關渡平原上的稻作一年有兩期，一期稻作是二月到七月，二期稻作則是七月～十二月。所以你可以在五月與九月欣賞到輕盈柔軟的綠色稻浪，在七月與十一月則是亮澄厚實的金色稻浪，不同的美麗但會有一樣的感動。如果你想欣賞這一片鄉村綠與豐收黃，推薦這個以臺北藝術大學為頂點的環狀路線，可以由上而下走進這令人悸動的風景裡。

　　從捷運關渡站2號出口出發，走中央北路轉學園路進校區，上行至雕塑公園荒山劇場再折返，從游泳館旁的肯楠步道下行，就可接上較少人走的姑婆芋大道，最後轉一心路到捷運忠義站。這條環狀路線沿途綠蔭、樹種豐富，從學園路開始就有

九月的綠色稻浪與大屯山　　攝影：無患子

夾道茄苳歡迎你，還有一片九芎森林，進入校園後有高大的木棉、掛滿豆莢的鳳凰木，在學生宿舍前更有雌雄異株的紅刺露兜樹，是林投樹的親戚，多而密集的呼吸根形成特殊的身體曲線，非常有特色。

　　藝大食堂前的水池裡，臺灣萍蓬草的黃花、龍骨瓣莕菜的白花，錯落有致的開著。走上雕塑公園步道後，還可遠眺關渡平原上或綠或黃的稻田。下行時的姑婆芋祕境步道，它的長度與規模非常罕見，會有超乎預期的驚喜。下山後別急著回家，建議加碼過天橋到忠義站2

號出口端，轉進161弄後步行大約五分鐘，就可以拜訪關渡平原的美麗稻浪，在大屯山、紗帽山的襯托下，搭配徐徐吹來的微風，會有瞬間來到花東的幸福感。

　　PS：關渡平原的二期稻作屬於再生稻，於一期稻作收割後留下稻頭，會自稻椿休眠芽萌發新苗。因不需整地、育苗、插秧，故可節省勞力，但須選擇再生能力強的品種，目前主力為台梗8號。

再生稻自稻椿萌發新苗　攝影：無患子

大致路線 ～～～～～

捷運關渡站2號出口～學園公園～鷺鷥草原～小生態池～第一宿舍～石雕公園～肖楠步道～姑婆芋綠廊～忠義網美稻田～捷運忠義站

有如親臨花東的幸福感　攝影：無患子

1.九月的綠色稻浪　攝影：無患子
2.十一月的金色稻浪與紗帽山　攝影：無患子
3.結滿大豆莢的鳳凰木　攝影：曲惠蓮
4.紅刺露兜樹的美麗造型　攝影：曲惠蓮
5.紅刺露兜樹的果實　攝影：曲惠蓮

關渡平原的綠色稻浪

關渡平原的綠色稻浪影片
攝影：無患子

1.開滿臺灣萍蓬草的水池　攝影：曲惠蓮
2.斜坡上的姑婆芋小森林　攝影：翁茂昇
3.清涼舒適的姑婆芋祕境　攝影：曲惠蓮
4.平緩好走的姑婆芋步道　攝影：曲惠蓮

隨手撿拾就是一份生態筆記

　　每年只要到秋冬季節，就習慣在出門的時候隨身帶著幾個夾鏈袋，因為走在路上隨時都有驚喜，就是掉落在地上各式各樣的植物果實與種子。這個季節撿種子有個好處，就是已經熟透比較乾燥好保存，可以用布丁罐、玻璃咖啡罐、冷泡茶罐……等用過的容器來裝，美觀又環保喔。

　　仙桃的種子很特別，不需要任何處理，只要洗乾淨就是渾然天成的企鵝模樣。一顆顆圓滾滾的白珠是薏苡，就是野生的薏仁，本身就有孔洞適合做成串珠。其實也沒有特別要收集，有緣分遇上才撿，所以每一瓶都有相遇的故事，不知不覺這幾年也累積不少的果實與種子，就順勢拿來在社大教學用。

　　不過還是要提醒，畢竟果實、種子也是食物鏈的一環，養活許多生物，適量撿拾就好。

隨手撿拾就是一份生態筆記
攝影：無患子

路線5

北投溫泉時光機

新北投是個穿越時空的好地方，而啟動時光機的開關當然就是溫泉了。從新北投捷運站出站後所看到的一切，包含鐵路支線本身、北投公園、溫泉浴場、溫泉旅店、溫泉寺院，都和溫泉有關聯，也都因溫泉而誕生。可以從新北投捷運站出發，在七星公園旁的青磺泉手湯啟動湯之旅、走到水美會館前的小手湯續攤，接著站在天狗庵百年階梯感受歷史、坐在瀧乃湯浴場庭院前小憩，再越過北投溪到梅庭靜心，欣賞于右任大師的草書墨寶。

寧靜的日式寺院－普濟寺　攝影：無患子

之後可以散步到北投普濟寺，順著石階拾級而上欣賞建築之美，寺院配置非常別緻，有一種獨特的寧靜感，是間可以讓人放鬆的日式寺院，守護北投溫泉的湯守觀音也安奉在此。地熱谷是北投青磺泉的源頭，因水溫達98度而終年煙霧瀰漫，彷彿魔鬼棲息的地獄，在日治時期又稱為地獄谷。從地熱谷出口側邊階梯上行，穿過北投公民會館旁桂花林，接上一心路後順著三總北投分院圍牆到前門，入內直行就會看到前日軍衛戍醫院，除了它是知名戲劇「一把青」的取景地，裡面更有超棒的天然白磺泉足湯池。

順著院前新民路楓香大道下行，旁邊就是整建修復中的中心新村，這是昔日北投醫院的醫護眷村，目前正在進行復建重生，是個擁擠但不侷促充滿生活記憶的場域，推薦大家入內參觀充滿人情味的生活特展。新民路到底就是新北投捷運站，如果時間不趕，在上捷運前可以花點時間走進百年北投公園，緩緩的散步一圈接收一下森林芬多精，也感受一下北投圖書館這座綠色大樹屋。在新北投周邊，你可以從手湯泡到足湯，從青磺泉換到白磺泉，有天主堂也有日式寺院，有森林也有圖書館，巷弄裡總有許多驚喜，一定讓你有不虛此行的讚嘆。

中心新村眷村生活展　攝影：無患子

📍大致路線 ～～～～～～

捷運新北投站～七星公園手湯～水美溫泉手湯～天狗庵遺址～瀧乃湯～梅庭～普濟寺～地熱谷～中心街～舊日車衛戍醫院～泡腳池～中心新村記憶展～北投公園～北投圖書館～捷運新北投站

1.新北投捷運站外的手湯　攝影：無患子
2.公園旁光明路上的手湯　攝影：無患子
3.瀧乃湯外北投溪小瀑布　攝影：無患子
4.瀧乃湯溫泉大門　攝影：無患子
5.梅園外露台與庭院　攝影：無患子
6.梅園展示的于右任墨寶　攝影：無患子
7.普濟寺入口石階路　攝影：無患子
8.小巷內的翠綠鐵線蕨　攝影：無患子

1.北投青磺泉的源頭－地熱谷　攝影：無患子
2.終年煙霧瀰漫的地熱谷　攝影：無患子
3.舊日軍衛戍醫院大門　攝影：無患子
4.舊日軍衛戍醫院足湯　攝影：無患子
5.舊日軍衛戍醫院庭院　攝影：無患子

北投公園的綠色大樹屋

　　超過百年歷史的北投公園，自1913年起就與北投溫泉公共浴場一起，陪伴北投人走過繁華與平淡的歲月。公園裡的老樹不少，茄苳、楓香、九芎、刺桐、白千層、印度紫檀，都有著獨特的優美樹形，而被這些滿滿綠意所包圍著的，就是世界聞名的鑽石級綠建築北投圖書館。

　　為了解這座有溫度的綠建築，特別申請了專人導覽，裡裡外外實地閱讀了一遍，體驗建築師如何讓陽光、空氣、水，該進來的進來、該出去的出去、該留下來的留下來。特別喜歡一樓與B1之間的階梯閱讀區，在這個挑高空間裡，有著柔和但充足的自然光線，還聞得到館內特有的森林木材香，猶如置身在大樹之下。

綠色大書屋－北投圖書館
攝影：無患子

　　這座像極了一座大樹屋的圖書館有著獨特的親和力，就算沒有解說，只要用身體感官，就可以清楚感受到最單純的靜謐與舒適。

北投圖書館坐落於森林之中
攝影：無患子

路線6
幸福石上軍艦岩

　　標高185.6M的北投軍艦岩，是臺北相當知名的國民登山熱點，一般來說都會自陽明大學登山口或奇岩中和禪寺登山口起登。其實可以試試從新北投捷運站出發，右轉光明路後從屈臣氏斜對面階梯上行，接上溫泉路65巷直行至熱海飯店後門，從對面階梯走上臺灣幸福石再轉軍艦岩。從這裡出發的好處之一，就是可以選擇一早先到溫泉路的巷弄散步，感受過天主堂、普濟寺的寧靜後再起登健行。

臺灣幸福石　　攝影：無患子

　　推薦大家可以在秋末冬初季節來登軍艦岩，從新北投站出發，走進舊北投曾經繁華的山徑，沿著斑駁的階梯信步上行，就可到臺灣幸福石。幸福石的所在地，就在真言宗建築石窟群的路邊，旁邊就是弘法大師巖。臺灣幸福石上面刻的是日文「台湾よ、永に幸なれ。」意思是「臺灣啊！要永遠幸福」，彷彿是顆會說話的石頭，有一種特別的療癒感。

　　此段路線較少人走，步道相對較原始，但也相對質樸、別具特色。過了幸福石續往上行會接上丹鳳山步道，可遠眺知名的威靈頓山莊。緩下坡後散步至照明寺再轉軍艦岩親山步道，一路竹葉草花序正

盛，芒萁、大頭茶、地膽草和車桑子也步步相隨。如果仔細觀察腳下砂岩，會發現步道上的層層棕色沙層之間，夾著青白色膠質黏土，非常特別。一路在林下緩上坡、緩下坡前行，不久就會到達軍艦岩展望點，環狀視野非常吸睛。

初冬的軍艦岩少了辣人的陽光，會有更優雅的心情欣賞風景，有淡水河、基隆河、關渡平原、大屯山、七星山等實實在在的三百六十度環景，加上黃中帶灰的波浪狀風蝕砂岩，在山頂拍團照會有獨特的臨場感受。下山至陽明大學登山口後，可右行校園路線轉唭哩岸捷運站，或左行穿越榮陽隧道走榮總路線轉石牌捷運站。從捷運新北投站、奇岩站、唭哩岸站、石牌站有多條山徑皆可上軍艦岩，大家可各依所好分別嘗試。

軍艦岩是拍團照的好地方　攝影：余惠櫻

📍大致路線 〰〰〰〰〰

捷運新北投站～熱海飯店～臺灣幸福石～丹鳳山步道～照明寺～涼亭打卡站～軍艦岩～大學亭～陽明大學～榮陽隧道～榮總～捷運石牌站

7 8 9

10 12 13

11

1.屈臣氏斜對面步道階梯　攝影：無患子
2.熱海飯店後門對面階梯　攝影：無患子
3.往幸福石的階梯小徑　攝影：曲惠蓮
4.真言宗建築石岩群　攝影：無患子
5.弘法大師巖佛龕　攝影：無患子
6.遠眺臺北盆地、北投、社子　攝影：劉靜蘭
7.平緩好走的林道　攝影：無患子
8.仰望軍艦岩　攝影：無患子
9.黃中帶灰的沉積砂岩　攝影：卓美月
10.遠眺觀音山景　攝影：無患子
11.威靈頓山莊　攝影：無患子
12.下山往陽明大學登山口　攝影：無患子
13.陽明大學登山口　攝影：無患子

納涼～北投溫泉博物館

　　北投溫泉博物館座落在新北投，在日治時期是東亞最大的溫泉公共浴場。由著名的建築師森下松之助監造，爲一樓磚造、二樓木造的美麗和洋折衷建築。

　　泡湯是昔日人們來到北投的必備行程，而「納涼」所代表的，就是泡完湯半臥在榻榻米上，散去多餘熱氣後的舒服與放鬆。當時流行的北投泡湯三部曲，就是大浴池泡湯、榻榻米納涼以及望樓露台遠望。

　　這三大泡湯意象——泡湯、納涼、遠望，在各方的努力下，已經都在溫泉博物館中復刻呈現。一樓有羅馬風格浴池、黃金比例拱形迴廊、彩繪玻璃窗花，置身其中會有一種時空錯置的穿越感。

　　走進二樓的木造望樓，半開放的空間有著舒服的紅磚鋪面，迎面即見美麗的北投圖書館。特別推薦、不可錯過的，是中央的榻榻米大廳，一定要親自體驗半躺半臥的納涼專用姿勢，不用害羞喔！

北投溫泉博物館　攝影：無患子

路線7
中山北路九條通

　　早期臺北舊街區的發展是配合河運，所以主要街道是與淡水河平行的南北走向，從迪化街、延平北路、重慶北路到最東邊的中山北路，都是箇中代表，後期臺北快速發展陸運興起，街道朝向與鐵路平行的東西走向發展。中山北路在日治時期角色特殊，是前往劍潭山臺灣神社朝拜的敕使道路，道路本身就是綠樹成蔭的美麗園道，從一段到七段都有許多歷史建物與綠意相伴，建議可從臺北車站到捷運雙連站的一、二段開始，步行拜訪其間的歷史亮點。

二條通上日式木造屋舍　攝影：無患子

　　臺北車站旁的逸仙公園，是個小巧精緻的庭園，從這出發過了市民大道轉以中山北路為中線，以之字狀路線穿梭散步。往西側延伸可到長安西路的臺北當代藝術館，是昔日的臺北市政府，更是一棟很有特色的紅磚建築，往東側延伸則可在條通商圈隨意穿梭探祕。條通商圈是由中山北路、南京東路、新生北路與市民大道所圍成的區域，在日治時期是日本人的高級住宅區，仿效京都棋盤式的街道規劃，東西向稱作通、南北向則為筋，當時區域內多為獨門獨戶的和洋混合式建築，有水有電非常進步。

　　戰後此區轉為商業區，日本料亭、酒吧林立，從一條通到九條通由林森北路貫穿，成為臺北夜生活重鎮。臨近的林森公園原為14號公園預定地，歷經日本公墓、殯儀館、違章建築群等角色，如今轉為休

閒綠蔭公園，公園裡還有座紀念明石元二郎總督的鳥居。康樂公園與林森公園隔路相連，有著高大的白千層、榕樹、苦楝與楊桃樹，十二月正值豔紫荊花期，滿地紫色花瓣非常浪漫，周邊巷弄隱藏著許多特色小店，隔著中山北路的光點臺北、蔡瑞月舞蹈研究社也非常吸睛，非常推薦來此區慢行體驗。

📍大致路線 ～～～～～

捷運臺北車站M3出口～逸仙公園～二條通～三條通～林田桶店～臺北當代藝術館～中山藏藝所～五條通～七條通～林森公園～光點臺北～蔡瑞月舞蹈社（咖啡館）～捷運雙連站

重建後的蔡瑞月舞蹈研究社
攝影：無患子

小巧的逸仙公園　攝影：無患子

1.中山北路上的林田桶店　攝影：無患子
2.修舊如舊的滿樂門　攝影：無患子
3.長安西路臺北當代藝術館　攝影：無患子
4.條通商圈的三條通　攝影：無患子
5.長安西路中山藏藝所　攝影：無患子

1.林森公園的岳飛像　攝影：無患子
2.十二月是豔紫荊的花季　攝影：王明瑛
3.林森公園林木扶疏　攝影：無患子
4.紀念明石元二郎的鳥居　攝影：王明瑛
5.前駐美大使館官邸－光點臺北　攝影：王明瑛
6.蔡瑞月舞蹈研究社　攝影：無患子

冬日楓香落羽杉

　　接近年終最後一個節氣大寒時，可以到臺北街頭走走，欣賞冬日的紅葉，青、黃、橘、紅相間的顏色異常動人。最常見的就是行道樹的主力楓香，筆直的樹幹瘦高的身形，搭配橘紅冬衣韻味獨特。

　　另一位冬日明星則是近十年竄起的新秀落羽杉，會在綠色的草地上鋪上橘紅地毯。走近一些看看會發現，葉子會有由青綠轉橘紅的漸層感，再從樹下仰望天空，由交織的枝幹與紅葉藍天構成的畫面，看了眞的心曠神怡。

　　你可以拾起一片楓香落葉仔細觀察，會發現葉柄基部有一層光滑的橫切面，稱爲離層組織。樹木在落葉之前會先回收葉綠素與醣分，通過離層儲存在枝幹之中，隨後離層組織開始游離脆化，在支撐力下滑後葉子便隨重力而落下。

南京西、中山北的楓香
攝影：無患子

林森公園的落羽杉
攝影：無患子

河畔茶金大稻埕

　　早期的臺北市街發展，一直和淡水河密不可分。在以河運為主的年代，優先發展出來的街廓，就是與淡水河平行，南北走向的迪化街、延平南北路、重慶南北路與中山南北路。在鐵路系統發展完備後的年代，才形成後期如民族、民權、民生，忠孝、仁愛、信義……等，與鐵路平行的東西走向街道。所以才會有人說，想要了解近代臺北市的發展源頭，就要先了解大稻埕的發展，而想要釐清大稻埕的發展脈絡，最好的方式就是直接去逛迪化街。

北街的十連棟　攝影：無患子

　　大稻埕的發展源自農業，早年農田密布稻浪如江，而由農轉商的關鍵來自於1862年淡水的開港，大稻埕與淡水連成一線，以優質的茶葉外銷，成功的從兩岸貿易的河港變身為和世界貿易的國際港。茶葉出去了外匯就進來了，茶商聚集了，群聚效應、加成效應、外溢效應就產生了，稻米、茶葉、布匹、南北雜貨、匯兌、戲曲、藝文、新文化運動，都成為大稻埕的內涵與底蘊，而這些都保存在迪化街的建築與左彎右拐的巷弄之間。

　　迪外街一直是我最喜歡的臺北老街區，建議可以搭捷運到大橋頭站，從迪化街的北街十連棟開始，慢慢走、慢慢逛並且慢慢記錄，一路往南到南街的永樂市場，來一趟結合建築、藝文的北、中、南街吃貨之旅，這也是趟穿梭古今的歷史人文之旅。從大橋頭站出發，邊

走邊吃邊停邊看，不是因為貪吃，而是要藉由在地美食的味覺體驗，串連起我們與過去大稻埕居民的生活日常，尤其當走進特有的三進街屋，就會有種特殊的時空穿越感。

體驗迪化街有幾個重點，首先就是——既然是體驗就別急著買南北雜貨讓雙手有負擔，要放下執念等回程再買；第二就是真的要慢走慢看，最好配合大稻埕地圖；第三就是要勇敢開口問店家，勇敢走進街屋的二進、三進，二樓、三樓，十家總有二、三家會有驚喜；最後就是用小吃代替正餐，邊走邊吃才是上策。近幾年配合都市重整計畫，整個迪化街廓有了較整體的味道呈現，包含十連棟、207博物館、林五湖故居、新芳春茶行、通樂埕、合勝堂中藥行，還有北段的諸多手工藝行，都值得好好逛逛。

大稻埕碼頭水門　攝影：無患子

📍分享一日散策路線如下 ～～～～～～

捷運大橋頭站～十連棟～稻舍～老棉成燈籠～日好食堂（打石巷）～夏樹甜品杏仁豆花～滋養和果子～涼州街～慈聖宮小吃廣場～大稻埕禮拜堂～呷二嘴米苔目～保安街星巴克～重慶北路～民生西路～新芳春茶行～民樂街～通樂埕後門（穿越二進街屋）～林五湖故居～中街仿巴洛克洋樓～大稻埕碼頭～貴德街～陳天來故居～李春生紀念教堂～李臨秋故居～西寧北路～霞海城隍廟～永樂市場～塔城街～捷運北門站

1.十連棟的紅磚騎樓美學　攝影：無患子
2.典型溫暖的紅磚洋樓建築　攝影：無患子
3.日好食堂－張協成石廠　攝影：無患子
4.大稻埕禮拜堂　攝影：無患子
5.葉金塗故居　攝影：無患子
6.三開間面寬的新芳春行　攝影：無患子

5

6

1.新芳春行一樓特展　攝影：無患子
2.大稻埕公園－李臨秋像　攝影：無患子
3.可以穿越到後門的通樂埕　攝影：無患子
4.中街仿巴洛克風格洋樓　攝影：無患子
5.中街街屋－林五湖故居　攝影：無患子
6.大稻埕碼頭商船意象　攝影：無患子
7.錦記茶行－陳天來故居　攝影：無患子
8.永樂市場旁的小廣場　攝影：無患子
9.永樂市場旁屈臣氏大藥房　攝影：無患子

大稻埕新芳春行～

　　大稻埕因茶葉而盛，英國籍商人陶德於1865年聘請李春生為買辦，兩人合作於1869年將2131擔烏龍茶，以「福爾摩沙烏龍茶」（FormosaOolongtea）為品牌，成功將臺灣茶行銷到美國紐約，從此展開大稻埕的茶金歲月。

　　大稻埕茶行的核心價值在於茶葉精製、品牌行銷，在收購茶農的毛茶後進行分級、焙火、撿枝與包裝，以茶行為品牌行銷茶葉至全世界，發展脈絡從烏龍茶、包種茶、紅茶到綠茶。其中新芳春茶行就是以包種茶外銷南洋而聞名。

　　位於民生西路309號的新芳春茶行，建物本身是修舊如舊的都更案，三開間的大氣面寬、三層樓的寬廣空間，有著舊時廠辦合一的設計元素，是呈現大稻埕茶葉文化發展的重要建築，尤其一樓焙火用的焙籠間更是昔日茶行的價值核心。

新芳春行一樓焙籠間　攝影：無患子

　　因為修繕過程與傢俱擺設用心，許多的電影、戲劇都在此地拍攝，配合常設展的文字、影像說明，有一種步入時光隧道的氛圍。迪化街商圈的興起和茶葉有著密不可分的關係，新芳春行非常適合納入迪化街散策的必備景點喔！

路線9
穿越臺北植物園

　　臺北植物園是都會區的大庭院，更是絕佳的植物教室，前身是1895年成立的苗圃，歷經台北苗圃、林業試驗場的年代，現爲林業試驗所轄下植物園。特別推薦從博愛路端入園，入口門柱的題字出自書法名家于右任，而園道兩旁高大的肯氏南洋杉，就像列隊似的張開雙臂歡迎大家。走進這座植物寶庫之後，建議可以沿著順時針方向，以大圈包小圈的路徑，穿越這座百年自然大教室。

　　夏天來到植物園，荷花池會有朝氣蓬勃的滿滿荷葉，池邊的絲葉狸藻開著可愛的黃花，讓人忘卻炙人的暑氣，幸運的話還會巧遇火焰木可愛的包膜種子。雙子葉植物區設置了一座植物採集家佛里神父雕像，用以紀念其對臺灣植物分類學的貢獻，而佛氏通泉草就是爲了紀念神父。不過請大家別誤會，紀念碑上的「佛國宣教士」是指佛里神父來自法國，日文的佛國得就是法國的意思。

八月美麗的荷花池　攝影：無患子

　　園區的空間規劃非常具有巧思，園中有園、圈中有圈，各區植物皆依主題區分且標示清晰，厲害的是各區之間林相各異卻又相互融合，光是順時針方向走、反時針方向逛，就會有不同的驚喜。園內每棵大樹都是絕佳的自然老師，運用簡易的觀察紀錄表，就可以讓樹木們自我介紹。樹皮是樹的名片、樹葉是樹的臉書、花和果實就是樹的IG。幫大樹量量腰圍、摸摸葉子、看看花朵，它們就會告訴你很多故事。

如果在冬末拜訪植物園，園中有些看似空蕩的樹枝其實內含養分，能冒出密布的新芽與繁花，其實這都是落葉植物的智慧。為了順利度過寒冬，落葉植物會選擇在秋天讓辛勤製造養分的葉子退休落下，而落下之前會將葉子裡的醣分、葉綠素

園區裡的赤腹松鼠　攝影：無患子

分解收回，儲存在枝幹之中，成為春天開花、發新芽的能量。而落在土中的葉子也不會浪費，透過蚯蚓、小昆蟲、微生物的分解轉化，會再度成為植物成長的養分，自然界的運行總是如此奇妙，我們應該好好學習。

植物園裡有埤塘、有小河、有棧道、有小橋，天際線更是吸睛——喬木、灌木、木本植物、草本植物；有些大樹的花很小、有些小草的花很大、有些花朵像果實、有些果實裡才是花，這裡不只是植物樂園，更是許多昆蟲、鳥類、小型哺乳類的快樂天堂；這裡的一年四季都很精彩，到這裡請放慢腳步讓樹梢的鳥兒、松鼠陪你一起走讀這座城市綠洲。

大致路線

捷運小南門站3號出口～植物園博愛路出入口～賞荷廣場～雙子葉植物區～欽差行臺～合瓣花區～木棧道～薑區～民族植物區～水生植物區～欖仁廣場～蕨類植物區～博愛路出入口～捷運小南門站

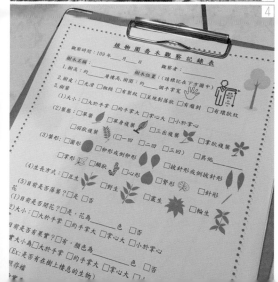

1.植物園博愛路入口　攝影：無患子
2.推薦的圈中圈走讀路線　攝影：無患子
3.荷花池前方的絲葉狸藻　攝影：無患子
4.自行設計的觀察記錄表　攝影：無患子
5.兩旁有高大的肯氏南洋杉　攝影：無患子
6.植物園裡清涼的木棧道　攝影：無患子

1.高大的蒲葵與大王椰子　攝影：無患子
2.澳洲大葉榕美麗的板根　攝影：無患子
3.植物採集家佛里神父紀念碑　攝影：無患子
4.巧遇火焰木心型包膜種子　攝影：無患子
5.蕨類植物區　攝影：無患子
6.瓊麻與高大瓊麻花序　攝影：無患子

樹皮是樹的名片

對居住在都會區的人們而言，樹應該是日常生活中最重要的存在。樹幫我們保水、幫我們遮蔭、幫我們隔絕噪音也幫我們淨化空氣，樹優美的線條也美化了我們的居住環境，但我們大部分人都不太認識它們。

樟樹樹皮有美麗溝紋　攝影：無患子

如果說樹皮是樹的名片，那樹葉就是樹的臉書、花和果實就是樹的IG。有些名片光滑、有些名片粗糙，有些有深深的溝紋、有些則有尖尖的刺。我們可能不會抬頭看花看樹葉，但樹皮與我們的視線同高，很難與它不相遇。

無患子的樹皮帶有淺淺的橫紋，阿勃勒年紀大了之後，會有深色的塊狀剝落。美人樹樹皮帶著刺，樟樹的樹皮有著優美深溝，烏桕則有較寬帶有剝落感的淺溝。

當樹向你遞出名片，記得看一下它的紋路、摸一下它的觸感，過不久你就會認識它的。

超有趣的木材展示館

生活中經常會聽到一些木材的名字，比如紅檜、扁柏、烏心石，走在人行道也會遇到不少行道樹，像樟樹、楓香、茄苳，但通常我們都不太清楚，這些樹的心材長什麼樣子。

植物園附近有座「林試所木材展示館」，在臺灣看得到的樹，這裡幾乎都有對應的木材，有三切面（弦切、橫切、徑切）標本、圓盤標本、厚實木標本以及各式的木材應用展，規劃得非常棒。

館外的大廳還陳列了扁柏與牛樟的超大年輪標本，令人感到非常震撼。最棒的是，這裏有熱情的導覽志工，提供有深度的生活化解說，非常適合一家大小前來參觀。

林試所木材展示館　攝影：林玉莉

人類用文字記錄歷史，大樹用年輪記錄生命，每樣出現在我們生活中的木材，都曾經是一棵活生生的樹，務必要好好珍惜。

（館址：臺北市三元街67號1樓；開放時間：二～五09:00~11:30）

安森公園森呼吸

大安森林公園占地近二十六公頃，是臺北市最大的公園綠地，早在日治時期就是七號公園預定地，惟命運多舛歷經時代考驗，從溼地、荒野、農地、軍營、眷村、違建到國際學舍、體育館，經過多方折衝與努力，最後在八十三年三月二十九日正式開幕營運。雖然安森體質先天不良但經過二十八年的努力，已慢慢從大安樹苗公園成長為大安森林公園，近年透過生態化的管理與棲地的營造——包含生態池水質改善、落羽杉木棧道優化、螢火蟲棲地營造、活水飛輪設置……等，讓大安森林公園朝向生態公園的目標邁進。

大生態池旁賞鳥平台　攝影：無患子

大安森林公園沒有圍牆，只有五圈綠籬圈出這座都市之肺，最內兩圈分別為榕樹與黑板樹，中間第三圈的綠籬是耐修剪的垂榕，外圈第四圈則是楓香，而最外圈則分別由不同樹種所圍出——北面信義路是黃連木與苦楝，東面建國南路是盾柱木與櫸木，南面和平東路是樟樹，西面新生南路則是白千層。安森公園裡的每棵樹，每天都很努力從土壤汲水、努力地往天空長葉，更時時降低噪音、調節溫度、淨化空氣、美化市容，所以不管你從哪個入口走進安森，都會有一種越走越舒服、越走越安靜、越走越靠近自然的舒適感，我們給它的不多，但它回饋給我們的超乎想像。

想要了解大安森林公園，就要先了解大安區的故事，大安源自大灣，一個彎彎的埤塘，這個埤塘的大致區域約略是仁愛圓環、安和路與延吉街的位置。其實臺北原本就是一個大溼地，只是現在很多地方都加了蓋，像安和路、新生南路。從一

綠意盎然的健森房　攝影：無患子

萬年前冰河時期結束海水湧進臺灣海峽，臺北盆地從鹹水湖、半淡鹹水湖、淡水湖過渡到溼地，許多地勢較低的地方都留下一些埤塘、水圳的痕跡，大灣這個彎彎的埤塘就是其中之一，所以大安森林公園當然要有水池、埤塘的水線安排，因此大生態池、小生態池就成了安森的最佳地景代言人。

安森整體園區的樹冠層外高內低，約略呈現盆地狀，加上大生態池中心的鳥島場域獨立、不受干擾，成為水鳥的最佳築巢育兒熱區，外圈的水生植物區經常可見紅冠水雞帶著幼鳥悠閒覓食，而在中央島區則有小白鷺、夜鷺、黃頭鷺一起混居築巢育雛，周遭林間則有黑冠麻鷺獨棟式育雛巢居。如果在春天來到安森，抬頭觀察飛過的鳥兒十之八九都銜著樹枝，準備蓋間專屬豪宅。整體園區因棲地物種日漸豐富，食物鏈自然而然向頂端發展，也讓安森蛻變成猛禽鳥迷口中的鳳頭蒼鷹幼兒園。

安森的樹木雖受限於先天土壤環境不佳，未如預期的高大茂盛，但仍不減其身為森林公園的魅力，就算只有短短幾分鐘，入內的人們也都能得到無比的身心療癒，推薦大家來試試。

📍 大致路線 ～～～～～～

捷運大安森林公園站B1中庭～2號出口～北面榕樹茄苳區～阿勃勒步道～大生態池～落羽杉木棧道～小生態池～南洋杉步道區～棕櫚區～健森房活水飛輪～中央步道～捷運大安森林公園站2號出口

1.安森公園站B1青蛙廣場　攝影：無患子
2.大生態池旁的大雀榕　攝影：無患子
3.大生態池中央鳥島　攝影：無患子
4.大生態池旁的大烏桕　攝影：無患子
5.優化後的落羽杉木棧道　攝影：無患子
6.仿自然式溪流讓棲地多樣　攝影：無患子

1.小生態池的優質棲地　攝影：無患子
2.小生態池的穗花棋盤腳　攝影：無患子
3.健森房有芬芳的野薑花　攝影：無患子
4.健森房的活水飛輪　攝影：無患子
5.安森常見的黑冠麻鷺　攝影：無患子
6.公園西面的白千層綠籬　攝影：無患子

尋找巷弄間的綠～青田街、溫州街

　　巷弄間的綠一直是臺北的珍寶，走進青田街、溫州街的巷弄，老樹自庭院延伸而出，在老宅巷道上方交錯，特殊的地景會讓你有舒適的綠意體驗。

　　可以從安森11號出口出發，沿著新生南路自清眞寺轉進青田街、溫州街，沿路拜訪青田76、殷海光故居、大院子、俞大維故居、蠻樹下書房，最後到達九汴頭瑠公圳遺址。

新生南路上的清眞寺　攝影：無患子

沿途有高大的芒果、龍眼、大葉合歡、楓香、麵包樹，還有茄苳、緬梔、玉蘭花、仙桃穿插其中，外加整面的薜荔牆。老樹與老屋互相依存，巷弄與綠意則相互映襯。

　　幸福很奇妙，花錢買不到，花時間卻可以，這段巷弄就在大安森林公園旁，花個時間來體驗吧！

1.溫州街旁的大院子
　攝影：無患子
2.大院子裡的金狗毛蕨
　攝影：無患子
3.俞大維故居院子
　攝影：無患子
4.青田七六日式屋舍
　攝影：無患子

路線11
人文薈萃椰林道

　　臺灣大學的前身是臺北帝國大學，創校於日治時期的1928年，初期設有文政學部與理農學部，校園裏有一座大型的熱帶植物標本園、植物標本館與玻璃溫室，用以栽種、研究各式各樣收集而回的熱帶植物，部分的園區就是目前羅斯福路大門旁的傅園。園區裡有穗花棋盤腳、第倫桃、小實孔雀豆、臺灣海棗，以及各式各樣的熱帶榕屬大樹，發達而厚實的板根，一進園就有濃濃的熱帶氛圍。更精彩的是沿著花園小徑走進1號館後方，會發現玻璃溫室旁有一座栽滿了筆筒樹、觀音座蓮與各式蕨類，宛如侏羅紀公園的生態蕨園。

藍天白雲下的椰林大道　　攝影：無患子

　　臺大校園椰林大道的兩旁，是臺北帝國大學的校區範圍，除了有名的1號到5號館、行政大樓、文學院與舊總圖，其周邊還隱藏著非常有內涵的博物館群，包含植物標本館、地質標本館、動物標本館、物理文物廳以及人類學博物館。進校門椰林大道，右手邊第一棟就是1號館，植物標本館就位於1號館東側後方，創立於1929年，館藏標本28萬件有6萬件製作於日治時期，代碼為3碼TAI，於植物標本界中屬於資深前輩。植物標本館後方還有前面介紹過的蕨園與玻璃溫室，加上值班志工個個臥虎藏龍、學問淵博，只要造訪提問必當滿載而歸。

　　走出植物標本館往南穿越至舟山路，可以找到地質科學館後方的地質標本館，以及生命科學館一樓的動物標本館，展出品大多來自

昔日1號館，製作於日治時
期的精彩標本。再沿著4、5
號館旁小徑就可走到行政大
樓，記得留點時間，細細欣
賞撐起臺灣最高學府的四根
柱子，是有公主柱美稱的科
林斯柱式。行政大樓對面就
是氣質非凡的文學院大樓，
氣派的大廳、優雅的環形樓

線條優美的反折式樓梯　攝影：無患子

梯，請務必要親自走一回。舊總圖於1930年啟用至今，內斂的入口
大廳、溫潤的磨石子扶手、線條優美的木製拱窗、挑高的閱覽大廳，
還有昔日伴讀的古老木桌，是所有臺大人的記憶，更推薦大家前去體
驗。

　　從校門、傅園、1號館、玻璃屋、蕨園、植物標本館、舟山路、
地質標本館、動物標本館、生態池、4號館、文學院到舊總圖校史
館，沿途滿滿的老樹、滿滿的故事，一個個從帝大時期躍然眼前，原
來生態與生活、人文之間，是可以如此自然的、緊密的相結合，值得
讓我們深度走讀、深度感受。

📍大致路線 〜〜〜〜〜〜〜

捷運公館站～臺大正門口～1號館～植物標本館～2號館～傅鐘廣場～
行政大樓～地質標本館～動物標本館～椰林大道新總圖～舊總圖校史
館～捷運公館站

1.有熱帶風情的傅園　攝影：無患子
2.傅園的大樹有寬厚的板根　攝影：無患子
3.四周有大樹環繞的1號館　攝影：無患子
4.臺大校園裡最粗壯的樟樹　攝影：無患子
5.一號館館東側的植物標本館　攝影：無患子

1.地科館後方是地質標本館　攝影：無患子
2.動物標本館在生科館1樓　攝影：無患子
3.舟山路上的生態池　攝影：無患子
4.動物標本館的信天翁標本　攝影：無患子
5.昔日農化系實驗工廠煙囪　攝影：無患子
6.行政大樓前的科林斯柱　攝影：無患子
7.椰林大道傅鐘旁的鳳凰木　攝影：無患子
8.舊總圖外的十三溝面磚　攝影：無患子
9.充滿時代感的磨石子扶手　攝影：無患子
10.舊總圖庭院的大麵包樹　攝影：無患子

瑠公水利組合圳道遺址～

臺北地區自清治乾隆初年以來,歷經日本時代至民國七十三年止,灌溉臺北盆地淡水河與新店溪以東、基隆河以南區域農田,最重要的三組水圳渠道,依取水口高度由上游往下,分別為大坪林圳(青潭)、瑠公圳(碧潭)以及霧裡薛圳(景美溪)。

日本時代將霧裡薛圳併入瑠公圳稱為瑠公水利組合,戰後改為瑠公農田水利會,後將獨立運作的大坪林水利組合(文山農田水利會)也併入瑠公農田水利會管理。

瑠公圳霧裡薛第二支線遺址(溫州街45巷) 攝影:林靜如

瑠公圳是在280年前由郭錫瑠、郭元芬父子所闢建,當時為取得足夠且穩定的水源,瑠公圳多次調整取水口,最後定於碧潭東岸大宅庄,原為築壩自然重力取水,後因河川採砂造成水位下降,於民國59年改由抽水機抽水方式取水。

瑠公圳與霧裡薛圳於250年間灌溉臺北盆地無數良田,後因臺北都市發展已無農田灌溉需求,瑠公圳於民國七十三年功成身退,由農田灌溉機能轉為都市排水功能,帶狀水圳消失在都市叢林之中。

而少數在臺北市區保留下來的水圳道中,九汴頭附近的溫州街45巷旁圳道,即為瑠公水利組合中霧裡薛第二支線的一小段遺址,雖然本身已無實際灌溉功能,但卻可呈現當時生態、生活、生產,三生並存的水線生活樣貌。

生態古石金面山

內湖金面山和臺北人關聯很深，因為清治光緒年間起造的臺北城，城牆的主要建材唭哩岸石，大多就採自此處的石英砂岩，因岩層中的石英在陽光照射下閃閃發亮，故名金面山。大材積的石塊在打石場裁切成標準尺寸後，石條自石堆斜坡運下山，藉由基隆河、淡水河的河運，運至約略目前忠孝橋的位置上岸，再運送到臺北城建城位址，成為昔日護城基石。（石條的標準尺為7吋*7吋*3呎，約21公分*21公分*90公分）

金面山步道入口平台　攝影：曲惠蓮

日治時期因市區改正，於西元1900年至1904年將臺北城牆拆除，原址改建成東西南北四條三線路園道，就是現今的忠孝西路、中山南路、愛國西路與中華路。昔日唭哩岸石取得不易、建材珍貴，三十多萬條的石條後續轉至臺北各地再續其用，經調查包含南門工廠小白宮、大同分局南側牆壁、臺北刑務所圍牆，以及中正區周邊興建於西元1900年至1920年的公家機關建物基礎、街道溝渠皆有城石蹤跡。

金面山有完整的環型登山步道，從西湖捷運站出發轉環山路136巷，巷子到底就是步道入口，入口平台處有株高大芳樟，彷彿張開雙臂歡迎來客。如果想單純踏青小旅行，建議可右上左下、緩上陡下，走小環路線最適宜。步道上半乾燥、下半潮溼，走在步道上會遇上截然不同的植物分布，有棕葉蘆、數珠珊瑚、芒萁、白匏子到白毛臭牡丹。建議可在十二月初冬陽暖日時造訪，因為此時滿山白柏正轉紅，還會遇上大頭茶花正盛開。

金面山半山腰在多年前曾經歷火燒山，不過因禍得福，讓淹沒在荒煙蔓草中的清代採石場遺跡得以重見天日，也讓後人緬懷金面山與臺北城的深刻關聯。

採石場的標準尺寸石條　攝影：曲惠蓮

📍 **大致路線：（小環路線）**

西湖捷運站～環山路136巷～金面山登山步道口～入口小瀑布～右側步道～相思林岔路～忘年亭～華山亭～清代採石場遺跡～步道口～環山路～西湖捷運站

1.步道入口迎賓大芳樟　攝影·曲惠蓮
2.入口處右側步道　攝影：曲惠蓮
3.白毛臭牡丹白花與綠色萼片　攝影：無患子
4.白毛臭牡丹萼片由綠轉鮮紅　攝影：無患子
5.芒萁是金面山特色植物　攝影：曲惠蓮
6.步道的展望極佳　攝影：無患子

1.初冬隨處可見白臼果實　攝影：曲惠蓮
2.正反兩面有刺的雙面刺　攝影：曲惠蓮
3.大同分局南側牆壁以臺北城石築成　攝影：曲惠蓮
4.採石場遺址上方展望佳　攝影：卓美月
5.初冬是大頭茶的花季　攝影：曲惠蓮
6.鮮綠色的芒萁　攝影：無患子

南門工廠的鴉片記憶～小白宮

很難想像在南門工廠裡，這棟美麗的建築小白宮，會和鴉片產業有關聯。但如果知道鴉片是日治時期八種專賣物之一，應該就不意外了。臺灣不產罌粟，所以昔日的鴉片產業以精製鴉片煙膏爲主，而原名爲物品倉庫的小白宮，就是用來存放來自波斯、土耳其的鴉片原料煙土的地方。

1. 南門工廠小白宮牆壁以臺北城石築成　攝影：無患子
2. 穿越古今臺北城——臺博館　攝影：無患子

小白宮的屋牆有兩層，外層的材料是來自舊臺北城牆拆下的唭哩岸石，內層則是層層的紅磚。木造的四落水屋頂，材料是來自日本的杉木，主結構由七座木製桁架所組成。南門工廠在日治時期的舊稱是「臺灣樟腦局南門外製造所」，是當時全臺灣甚至全世界樟腦產業的核心，後續還衍生出賽璐珞、藥品、精油、白火藥等產業鏈。

從舊專賣局往園區的方向走，外圍的南昌街以及小白宮北側，有著一整排美麗的老樟樹。在欣賞的同時，也要感謝滿山樟樹爲這塊土地的付出。

PS：日治時期的八項專賣物品爲菸、酒、鹽、樟腦、鴉片、石油、火柴和度量衡。

穿越古今臺北城

臺北城對臺北人來說,是個既熟悉又陌生的名詞,因為自1884年清治時期建成,到日治時期拆除城牆只有短短存在二十多年,所留下的建築線索少之又少,這次特別以網路資料製作古今城區對照圖,來一次穿越古今臺北城之旅。

穿越古今臺北城—撫臺街洋樓
攝影:無患子

從捷運臺大醫院站4號出口出發,經二二八和平公園、臺博館本館、臺博館土銀館、中山堂、撫臺街洋樓到北門,串起昔日1935年臺灣博覽會的第一、第二會場。拜臺灣街區國寶「晴雨兩用亭ㄚ腳」之賜,讓整個行程可以在雨中順行無礙。

臺博館與土銀建築本身就非常有魅力,值得駐足細賞,更推薦正值展期的《夢幻古圖－康熙臺灣輿圖總動員》特展、土銀館古生物展與土銀行史展,更神奇的是可以穿過電影裡才有的金屬庫門,進入勸業銀行的古老金庫神遊過往。

臺北城位於忠孝西路、中山南路、愛國西路與中華路所包圍的矩形區塊中。為了讓臺北城背有靠山,中軸線轉了15度對準七星山,建城前後開闢的道路互不平行,讓北門地區有著直角、銳角、鈍角並存的街廓外貌。

承恩門是臺北建城後原汁、原味、原地保留的建物,如果要拍清末的歷史穿越劇,我想北門城門下通道,應該是最佳地點了。

白石湖吊橋，全長116公尺，
北市第一座大跨距吊橋

白石湖吊橋

內湖白石湖吊橋
繪者：余惠櫻

2022.
01.30

二、搭配公車走更遠

　　雙北市的公車網絡如同多張蜘蛛網，從市區往郊區延伸、從平地往山區擴張，是低碳旅行的最佳幫手，也是自然走讀的最佳夥伴。

路線1
淡水埔頂雲門遊

　　來到淡水如果你不想走一般的觀光吃喝路線，會推薦你從捷運站的公車轉運站，搭乘紅26公車在淡水圖書館站下車，走上天橋就可以來到淡水埔頂地區，從這開始拜訪自1862年淡水開港至今，各時期所留下的精彩建築與歷史痕跡。埔頂位處淡水五虎崗第二崗也稱爲砲台埔，爲古老的大屯火山群熔岩流其中一小支，山崗的制高點即爲大家熟悉的紅毛城，此區爲昔日洋商、傳教士、西式學堂的聚集地。

小白宮爲西班牙迴廊式建築
攝影：無患子

　　從多田榮吉故居出發，前往小白宮、淡江中學、教士會館、馬偕故居、姑娘樓與牧師樓，沿途以今思古、見物思舊。再從牛津學堂穿越花園到紅毛城後門，經英國領事館散步而下出前門，下半場可再續往雲門練舞場前行。臺語老歌〈淡水暮色〉歌詞中「埔頂燈光眞稀微，閃閃像天星」，就是在形容埔頂地區在戰後的蕭條景象。不過也因戰後的低度開發，造就老建物周邊老樹群的保留，尤其是各式紅磚樓房前的老樟樹、鳳凰木與緬梔老樹。

　　多田榮吉故居又稱淡水街長故居，建物主結構皆採用紅檜木，屋宅順山勢而建不與自然爭地，是間優雅的和式建築，它是臺灣第一間有自來水的民宅，也是淡水現有保存狀態最好的日式建築。從座敷的床脇望出，可見觀音山特有的天際曲線，庭院有水池造景、楊桃樹、蓮霧與大樟樹，在日治時期可說是水岸第一排。馬偕故居現爲馬偕紀

念館，展出馬偕博士對臺灣宗教、醫學與教育的諸多貢獻史料，而姑娘樓與牧師樓是維多利亞式紅磚建築，也是許多電影、電視劇的取景地。

　　特別推薦滬尾砲台旁的雲門練舞場，這個場域刻意保留原電台建物與周遭植被，有世外桃源的美感。在不拆除、不改建原中央廣播電台建物的前提下，增建出練舞場與劇場，無論近看或遠望，都令人驚喜無比，建物與四周環境自然的融合，整個園區完整呈現出雲門的精神與意境。光是在外圍走一圈，就有無比的療癒效果，感謝浴火重生的雲門舞集，讓淡水歷史與現代藝術有了新的連結，記得要到大樹書房的頂樓露臺坐坐，這也是林懷民先生最喜歡的視角。

從大樹書房遠眺練舞場　　攝影：無患子

📍 大致路線 〰〰〰〰〰〰

捷運淡水站～公車轉運站～紅26公車～淡水圖書館站～天橋～淡水街長故居～小白宮～教士會館～馬偕故居～姑娘樓～牧師樓～理學堂書院～紅毛城～海關碼頭～滬尾砲台～雲門練舞場～紅26公車～捷運淡水站

鳳凰木下鳳凰花

　　雖然今年是沒有畢業典禮的畢業季，但鳳凰花依舊如約盛開，防疫生活中的短暫外出，遇上鋪滿鳳凰花瓣的美麗，喚起了老家臺南鳳凰花海的記憶，真是無比療癒。

　　鳳凰木原生於非洲馬達加斯加，於日治時期引進臺灣，由於原屬熱帶植物，所以在臺灣南部的生長狀況最好，樹形也較美麗。小時候經常在樹下撿拾完整的花瓣，製成蝴蝶書籤。

　　到了北部生活後，陸續發現在淡大校園、淡水小白宮、青年公園，都有鳳凰火紅的身影。而臺大椰林大道傅鐘旁的兩株鳳凰樹，則有種卓然的傲氣，是北部難得的鳳凰樹代表。

　　如果你也遇上火紅花瓣，記得抬頭由下而上，配著灑下的陽光，會有一種油畫的夢幻感。

如油畫般的火紅鳳凰花　攝影：無患子

1.座敷床脇望出的觀音山景　攝影：無患子
2.街長故居庭院的楊桃　攝影：無患子
3.街長故居庭院的大樟樹　攝影：無患子
4.小白宮紅花緬梔與其果實　攝影：無患子
5.埔頂淡江中學校門口　攝影：無患子
6.馬偕故居與幽靜的庭院　攝影：無患子

1.有紅磚拱門迴廊的牧師樓　攝影：無患子
2.中西兼具的理學堂大書院　攝影：林玉莉
3.風格獨特的紅毛城主樓　攝影：無患子
4.維多利亞式的英國領事館　攝影：無患子
5.淡水河邊的海關碼頭　攝影：無患子
6.海關碼頭與岸邊繫船石　攝影：無患子
7.與環境融合的雲門練舞場　攝影：無患子
8.荷花池雕塑──旋的冥想　攝影：無患子
9.朱銘大師的雕塑藝術──人間　攝影：無患子
10.雲門與周邊環境融為一體　攝影：無患子

地質教室貴子坑

　　很多人知道臺北有個三層崎花海公園，多層次的山坡布滿彩虹般的帶狀花田，如果只看照片會覺得身處北海道富良野，其實它就位於北投的貴子坑。貴子坑地區的白砂岩含有高品質的高嶺土，因質地細緻、品質極佳，是製陶的上好原料，也是昔日北投四大名產中的白瓷土，造就日治時期北投燒與大屯燒的盛況。尤其大屯燒的創始人賀本庄三郎用釉技藝精湛，其職人精神讓北投陶瓷聲名遠播，也間接影響了淡水、鶯歌以及桃竹苗地區的窯業發展。

貴子坑水土保持園區　攝影：無患子

　　但也因爲大量採礦與淘洗白瓷土，造成貴子坑地區地貌的破壞與水土大量流失，滿目瘡痍的地貌有如鬼域之地致使人煙罕至，故昔日以鬼子坑爲名。每逢颱風便使貴子坑溪下游地區土石流成災，主管機關便於民國66年後嚴禁開採礦石。爲了補救這個環境的大傷口，除了整治貴子坑溪外，也對裸露的礦區進行穩坡與綠化處理，雖留下不少混凝土印記，但生態環境已經優化不少，同時也設立貴子坑水土保持教學園區，成爲活生生的環境教育場域。

　　水土保持園區交通很方便，可以從捷運復興崗站轉223公車，在中和街貴子坑園區站下車，沿著貴子坑溪上行至貴子坑露營場，在露營場稍作休息後再沿後方緩坡上行，即可到達園區。一路上會有不少驚喜，成群的臺灣藍鵲、迎風盤旋的大冠鷲是固定班底，如果在夏天拜訪，樹上會掛著不少蟬蛻，草蟬、螻蛄、紅脈熊蟬更會熱烈歡

迎。園區的環境優雅、綠意
盎然，隨著木棧道上行，還
可以近距離觀察臺北地區最
古老的岩層五指山層，2400
萬年前的地殼脈動就近在眼
前。

含有高嶺土的白沙岩　攝影：無患子

　　三層崎花海的花季在每
年的1月到3月，屆時可以欣
賞完層層花海後，接續安排
貴子坑的生態地質之旅！

📍大致路線 ～～～～～～

捷運復興崗站～223公車～貴子坑公車站～三層崎花海～貴子坑溪步
道～露營區～貴子坑水土保持園區～水磨坑溪步道～貴子坑公車站～
捷運北投站

帶著混凝土印記的貴子坑溪　攝影：曲惠蓮

1.貴子坑露營場　攝影：曲惠蓮
2.北投窯業的發展史介紹　攝影：無患子
3.露出的五指山層　攝影：曲惠蓮
4.五指山層地質觀察棧道　攝影：無患子
5.園區裡的優雅環境　攝影：曲惠蓮
6.園區裡綠意盎然樹蔭多　攝影：曲惠蓮
7.馬拉巴栗的花　攝影：詹曉雲
8.民宅栽種的布袋蓮開花　攝影：曲惠蓮
9.偶遇到天蛾幼蟲　攝影：曲惠蓮

隱身高手小螇蚸

古有云「螇蚸不知春秋」，用以形容生命短促或見識短淺。此語源自古人聞聽螇蚸的聲音，皆於夏天出現秋天結束，故有不知春秋的解讀，殊不知螇蚸的春秋是在土裡度過。

螇蚸是一種小型蟬，分布範圍頗廣，牠嘶～嘶～的聲音相較於大聲公熊蟬，明顯斯文的多，屬於滲透系的歌手，而且常聞其聲不見其身，因為牠們都是一等一的隱身高手。

去年夏天因緣巧合，在北投貴子坑的溪邊，遇見隱身在樹幹紋路間的小螇蚸，身上完美的黃綠色斑紋與環境完美融合，要不是叫聲露出馬腳，就算路過十次也不會發現。

近日各式蟬聲陸續出籠，期待可以早日與小螇蚸再次相遇。

隱身功夫一流的小螇蚸　攝影：無患子

路線3
花卉中心山仔后

陽明山仰德大道上的花卉試驗中心，隸屬臺北市公園路燈管理處花卉實驗室，占地約四公頃。自2003年起開放民眾免費參觀而且全年無休，從捷運劍潭站搭乘紅5公車，在山仔后派出所站下車即可到達。這裡最有名的，是冬天的山櫻花與茶花，尚未入園即可望見盛開的緋寒櫻，紅花與藍天的搭配恰到好處。有幾株山櫻特別貼心，下方花絮接近人的身高，舉起手機就可清楚記錄，而且不只入園處，整個

仰德大道上的花卉中心　攝影：無患子

園區皆有櫻花錯落的身影，沿途盡是美景，令人賞心悅目。

冬天園區裡最搶鏡的，還是一入園的鬱金香花區，紅、黃、紫等各色花絮，排列成有致的曲線區塊，加上地勢高低的配合，讓不大的區域卻有花海的效果。不只櫻花和茶花，園區幾乎每個月都有不同的花朵輪番登場。夏季時入口主題區會有鮮豔的菊花綻放，全區步道兩旁都有沿階草開著帶粉紫的白色小花，紅樓花、繁星花、伯利恆之星也都開得非常燦爛。園區還有多樣的各式樹種，青楓、相思、香楠、龍柏、南洋杉、旅人蕉、落羽杉、白千層，多到想點名都不容易，推薦偶爾偏離主通道鑽到綠蔭下隨意吹風，非常清爽宜人。

夏季的花卉中心生機盎然令人驚喜——蠅虎在射干花上走秀，小灰蝶在百日菊上用餐，百子蓮、蜘蛛蘭互相爭妍鬥豔，水生植物區的睡蓮、臺灣萍蓬草與絲葉狸藻，也熱熱鬧鬧的開出同色系大、中、小黃花。園內的生態池熱鬧異常，蜻蜓、豆

眛影細蟌產卵　攝影：無患子

娘們上演地盤爭奪戰，猩紅蜻蜓、善變蜻蜓、粗鉤春蜓、綠胸晏蜓，各自鞏固自己的地盤，幸運的話還會遇上眛影細蟌配對實況，成雙成對來到池邊水草間隙產卵，加上園區內各式昆蟲皆活力十足，走著走著，人也跟著活力滿滿呢！

花卉中心是在一次搭公車的過程中偶遇的，這麼好、這麼用心的地方，當然要介紹給大家知道，生活的周遭環境中有許多美景、祕境，需要我們停下腳步來發覺與細細欣賞。

眛影細蟌產卵影片

眛影細蟌產卵實況影片
攝影：無患子

PS：眛影細蟌雌蟲會在雄蟲的陪伴下，小心翼翼的將卵產在水下枝條上，一併分享幸運記錄下的細蟌產卵短片。

📍 大致路線 〰〰〰〰〰

捷運劍潭站～紅5公車～山仔后派出所站～花卉試驗中心～園區散步～生態水池～茶花區～公車站～劍潭捷運站

1.冬天盛開的緋寒櫻　攝影：無患子
2.冬季的鬱金香主題區　攝影：無患子
3.美麗的緋寒櫻手機拍得到　攝影：無患子
4.沿著步道兩旁盛開的沿階草　攝影：曲惠蓮
5.園區步道都是清涼的樹蔭　攝影：無患子
6.小葉南洋杉的特有橫紋路　攝影：王明瑛
7.射干上走秀的蠅虎　攝影：無患子

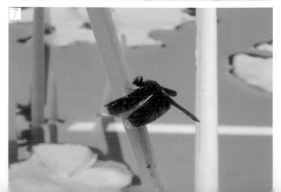

1.百日菊上的小灰蝶　攝影：無患子
2.花開正盛的百子蓮　攝影：無患子
3.生態豐富的水生植物池　攝影：無患子
4.生態池旁的優雅睡蓮　攝影：無患子
5.粗鉤春蜓　攝影：無患子
6.猩紅蜻蜓　攝影：無患子
7.善變蜻蜓　攝影：無患子

陽明山楓紅模式啟動中

秋末時節如果上陽明山，會發現綠色山谷中會有黃黃、紅紅、橙橙，或者介於三者之間美麗的色塊，這些大部分都是青楓與楓香變色中的葉子。

它們在進入冬季之前，會回收葉子裡的葉綠素與醣分，儲存在樹枝、樹幹之中，提供來年春天抽芽、出葉的養分，而啟動這個楓紅模式的關鍵，是逐日縮短的日照時間。

這個模式剛剛啟動不久，所以會發現樹冠層上方，會有由綠轉紅的漸層色彩，搭配藍色的天空非常美麗，尤其在平等里有碟型天線的那片山谷中，層次感更是明顯。

提醒臺北周邊的朋友們，陽明山上飄逸的秋芒雖然暫歇，但已經輪到楓紅啟動，想欣賞這幸福的漸層紅，手腳就要快喔。

陽明山的楓紅實況　攝影：無患子

路線4
橫嶺半嶺紗帽山

紗帽山是七星山的寄生火山，在七星山主流岩漿通道阻塞後，大約在50萬年前由旁支裂隙突圍擠壓噴出，形成有著如烏紗官帽的特殊外型，算是大屯火山群的小老弟。雖然在許多老一輩臺北人的心中，紗帽山似乎是土雞城的代名詞，但其實紗帽山最迷人的是周遭的自然環境，著名的陽明山前山公園，就在紗帽山的後方。可以從前山公園出發轉橫嶺步道，接上半嶺步道走進湖山社區，下切湖山國小後再從紗帽橋搭車下山，是一條輕鬆愜意的散步路線。

媲美京都嵐山的竹林　攝影：無患子

剛好挑了一個大暑的日子前來，順便測試一下這條路線的艷陽耐受度，此時的大樹濃蔭是最吸引人的，前山公園的帶狀森林就有這種特質，縱值大暑卻依舊清涼。夏季的生態池荷花開得鮮豔，黃澄澄的蓮蓬非常吸引人，直行不久即可轉入橫嶺步道享受下一段的清涼。從此端進橫嶺步道是一路緩坡下行，林道寬闊綠蔭扶疏，還有一段媲美日本京都嵐山的竹林，讓人心情放鬆、心曠神怡，到達步道出口紅壇稍作休息後，繼續下行可接續右側半嶺步道。

走一小段半嶺步道即可穿越湖底路進入湖山社區，湖山地區早年栽植了許多無患子樹，是當地的經濟作物，雖然事過境遷產業更替，但現今留下了一株超過三百歲的無患子老樹，在樹下乘涼真是一種享受。湖山社區就在紗帽山腳下，當地居民親切溫和且重視自然，保留許多古樸的石砌老屋舍，最特別的是這裡有一種專屬的寧靜感。從這裡有環狀步道可上行回到前山公園，也可以續往下行到達湖山國小，在校門口駐足回望，原來從湖山社區仰望紗帽山是如此的美麗。

百年豬舍有可愛公仔陪伴　攝影：無患子

離開湖山國小下行不久即可接上紗帽路，可於紗帽橋站搭公車下山至捷運站。非常推薦這條清涼好走，由上緩慢散步而下的路線，可以感受紗帽山與眾不同的自然魅力。

📍大致路線 ～～～～～～～～

捷運劍潭站～紅5公車～陽明山總站～前山公園～橫嶺步道入口～橫嶺步道～紅壇步道口～半嶺步道～湖底路～湖山社區～百年無患子～湖山國小～紗帽橋～紗帽橋站～搭230、小25至捷運北投站；搭128、小36至捷運石牌站

1.出公車總站左轉前山公園　攝影：無患子
2.夏季鮮綠帶紅的荷花池　攝影：無患子
3.擋下豔陽的濃濃綠蔭　攝影：無患子
4.橫嶺步道入口　攝影：無患子
5.清涼好走的橫嶺步道　攝影：無患子
6.橫嶺步道紅壇步道口　攝影：無患子
7.紅壇的楓香姐妹樹　攝影：無患子
8.半嶺步道上的竹林　攝影：無患子
9.湖山社區有許多老樹　攝影：無患子
10.百年無患子樹廣場　攝影：無患子

1.百年無患子老樹依舊屹立　攝影：無患子
2.湖山社區保留許多石頭屋　攝影：無患子
3.百年桂花樹陪伴老屋　攝影：無患子
4.社區民宅外的山泉水池　攝影：無患子
5.湖山社區就在紗帽山腳下　攝影：無患子
6.從湖山國小仰望紗帽山　攝影：無患子

覓食的花蜂&葉背的螳螂

　　在緊繃的生活中，讓心情得以紓解的方式之一，就是到庭院造訪勤奮覓食的昆蟲們。從瓢蟲、蝴蝶到蜜蜂，牠們積極、旺盛的生命力，真的可以讓人精神爲之一振。

　　剛靠近桂花樹，就在葉子上發現一隻小螳螂，才拿起相機就立馬不見蹤影，幾經尋找才發現是躲到葉背去了。生性機警的螳螂，擁有精緻的三角臉與流線的身軀，側拍蠻上相的。

　　在野牡丹上訪花的是青條花蜂，牠們和一般蜜蜂不同，並不會群聚築巢而是各自雲遊，雌蜂在繁殖期會在土牆挖洞產卵，鄉間土角厝土磚上常見的小孔就是牠們的傑作。

　　看著小螳螂與青條花蜂忙進忙出的勤勞樣，真的會有一種莫名的療癒感。

覓食中的青條花蜂
攝影：無患子

葉背下的小螳螂
攝影：無患子

路線5
青年公園尋綠寶

青年公園在日治時期是陸軍練兵場，後轉爲機場使用，因與北邊松山機場遙望故稱爲臺北南機場。戰後成爲高爾夫球場，於1974年3月29青年節當天改建爲青年公園，在大安森林公園誕生之前，一直是臺北市最大的綠地公園。青年公園以提供民衆休閒爲優先，雖然人工設施頗多，但園中老樹也著實不少，是個親近樹、認識樹的好地方。數量最多的是樹形優美的老榕樹，楓香、溼地松、鳳凰木、黃脈刺桐各據一方，核心區的綠色草地是我的最愛。

寬闊的中央大草坪　攝影：無患子

如果你在春分時節來拜訪，在日夜等長的這個日子，青年公園充滿了春的氣息，從草坪上的通泉草、酢漿草、蔓花生，到樹梢的水柳、羊蹄甲與黃花風鈴木，都是青春鮮嫩的模樣，就連正榕新生的榕果，都像成串的青蘋果。許多五、六年級生，在民歌木棉道的洗禮下，都覺得木棉花的盛開是夏天的高潮，其實橘紅的盛宴是在春天。青年公園的中央草坪種植了不少木棉，火紅花朵沿著樹冠圈落下，將一片碧綠妝點出自然的紅色同心圓，令人驚艷。

青年公園的榕樹高大挺拔、肌理清晰，是公園裡的要角，供應無虞的榕果養活不少活蹦亂跳的松鼠。在太陽圖書館後方有幾株榕樹，橫生枝幹在沒有支持根的狀態下，竟可騰空延伸十多公尺，展現出強大的生命力，可謂奇觀。公園的水域管理趨向生態化，水池搭建了人

工浮島吸引水鳥進駐，也吸引不少愛鳥人士前來攝影。水道的末端營造出溪流上游的環境，看似雜亂卻是園區最貼近自然的生物棲地，期待居民休閒與生態多樣能達到更佳的平衡。

青年公園交通方便，多路公車包含212、205、223、中山幹線、20、630等皆可到達。4號出口往水源路方向，就是新店溪畔的馬場町紀念公園，可順道一遊。

浮島上水鳥吸引攝影愛好　攝影：無患子

📍 **大致路線** 〜〜〜〜〜〜

青年公園2號入口～噴水池～九曲橋～生態渠道～生態保留區～內圈草坪～太陽圖書館後方草坪～馬場町～天橋～青年公園2號入口

水池上設置的生態浮島　攝影：無患子

1. 渠道朝生態化管理邁進　攝影：無患子
2. 水池邊的水柳柳絮　攝影：無患子
3. 春天草坪上的蔓花生黃花　攝影：無患子
4. 草坪上好大一株車前草　攝影：無患子
5. 草坪滿滿的黃花風鈴木落花　攝影：詹曉雲
6. 青年公園有許多木棉花　攝影：無患子
7. 右側圍籬區採低干擾管理　攝影：無患子
8. 中央草坪上的壯碩楓香　攝影：無患子
9. 春天的楓香長出嫩紅新葉　攝影：無患子
10. 騰空延伸跨距超長的榕樹　攝影：曲惠蓮
11. 出水門就是馬場町公園　攝影：無患子
12. 環繞馬場町公園的新店溪　攝影：無患子

正值花期的卯月之木水柳

　　柳樹會在卯月前後（農曆二月）開花，故稱卯月之木，柳這個字是左木右卯，不知是否也是源自卯月開花的緣故。而水柳是楊柳科柳屬的一種，為臺灣特有植物，水域邊是它們喜歡的環境。

　　水柳雌雄異株，雄株開雄花，花序有如一支支的小瓶刷，雄花序顏色偏黃，在盛開時雄株水柳呈現淡淡的黃色，很好分辨；雌株開雌花，花序看起來像根綠色小狼牙棒，受粉後大約在三月前後，蒴果會成熟果裂，飄出帶有白色絨毛的種子，稱為柳絮。

水柳雄花序　攝影：無患子

水柳雌花序　攝影：無患子

　　臺灣各地公園、水域邊都有不少的
水柳，上週在大漢溪旁的溼地，遇上水
柳花開正盛，今年花期似乎早了一些，
相信再過不久應該又可見到柳絮紛飛的
景象。

　　PS：記錄了一段柳絮紛飛的美景，
有興趣可以點進連結欣賞喔。

柳絮紛飛影片

柳絮紛飛影片

白石湖上龍船岩

　　內湖碧山路上的白石湖，交通方便，是一個散步的好地方，尤其是跨越綠山谷的白石湖吊橋，更是臺北著名的紫色地標。白石湖的地名源自當地盛產白色砂岩，如今採石產業不再，卻已變身爲臺北市著名的草莓產地，沿著碧山路的草莓園約於每年12月陸續進入產期，不過因數量有限所以大部分園區只有六、日開放現採。如果在草莓產季來到白石湖，會蠻容易遇上細雨天，所以建議你放緩腳步，在走過紫色浪漫的白石湖吊橋後，先欣賞寒風中的忍冬金銀花、嘗一碗在地有名的豆花暖身，再接續下面的行程。

紫色浪漫的白石湖吊橋　攝影：無患子

　　同心池是白石湖的第二個地標，上面的心型平台有滿滿的四季秋海棠，非常賞心悅目。續行前往夫妻樹平台，平台上的楠木上附生著可愛兔腳蕨，毛茸茸的肉質莖觸感非常舒服，名符其實如兔腳一般。沿途商家、住家庭院頗重視綠化，有不少美麗植栽，有紅白花絲的豔紅合歡、結滿紅色果實的數珠珊瑚，還有健康鮮綠的鹿角蕨。沿途除了品嚐草莓，也非常推薦多走一段路到石坑聚落走走繞繞，可遠眺內湖群山風光，就算遇到時晴時雨的天氣，沿線山坳也有一種朦朧之美。

石坎聚落走到底會接上龍船岩步道，上行到稜線右轉就是一塊巨大的斜躺沉積砂岩，因外型似一艘船被當地人稱爲龍船岩。膽子大的朋友可以小心步行體驗，在龍船岩上留下精彩的照片，也可遠眺大湖公園。雖然繼續直行可下切至大溝溪溪畔步道，但建議稍作休息後還是原路折返回白石湖吊橋爲佳。自己很喜歡在春天拜訪白石湖，因爲步道上會有很多帶著小問號的蕨類嫩葉陪伴，芒萁、烏毛蕨、中華裏白……等，會有一種萬頭攢動的動態感受。

季節對時，會遇上一年兩次分別在五月、十一月的鮮黃相思花雨，春季是大開、秋季則是小放，被細雨打落的黃花小粉撲，落在綠色的苔蘚地毯上，兩相映襯特別有意境。從捷運內湖站1號出口後方，可搭乘小2公車約15分鐘可到白石湖吊橋，非常方便。

從龍船岩遠眺大湖公園　攝影：無患子

大致路線 ～～～～～～～～
捷運內湖站～搭小2公車～碧山巖公車站～白石湖吊橋～茗穀屋（豆花）～同心湖～夫妻樹～草莓園步道～龍船岩步道～龍船岩～原路折返～白石湖吊橋～搭小2公車～捷運內湖站

1.跨越山谷的懸索直路式吊橋　攝影：無患子
2.可以看到古老的濱海木山層　攝影：余惠櫻
3.先白後黃的美麗金銀花　攝影：卓美月
4.茗穀屋休憩環境不錯　攝影：無患子
5.遠望同心池與後方山景　攝影：無患子
6.展望佳的夫妻樹平台　攝影：余惠櫻
7.毛茸茸的可愛兔腳蕨　攝影：王明瑛
8.店家庭院的粉嫩鹿角蕨　攝影：無患子
9.沿途有許多孕育草莓的溫室　攝影：無患子
10.非草莓產季時會種植蔬菜　攝影：無患子
11.輕鬆的往石坎聚落前進　攝影：王明瑛
12.聚落人家多有精緻植栽　攝影：曲惠蓮

1.進入龍船岩步道後的小溪　攝影：無患子
2.龍船岩步道為緩坡上行　攝影：無患子
3.中華裏白的嫩葉萬頭攢動　攝影：無患子
4.通往龍船岩的稜線步道　攝影：無患子
5.龍船岩是斜躺的沉積砂岩　攝影：無患子

相思花雨落林下

相思、苦楝、合歡、無患子，是傳神的大自然戀愛四部曲，而銜接滿山五月桐花雨的，就是有如迷你小棉球的黃色相思雨。相思樹是低海拔林地中，固碳能力超強的樹種，在過去石化燃料不普及的年代，用相思樹製成的相思木炭，是重要的生活夥伴。

相思花雨落林下　攝影：無患子

也因為相思木的紋理錯綜複雜、支撐力超強，承受突發壓力時會發出聲音，所以以往也被廣泛用在礦坑的支撐，而被稱為救命樹。如果你在路上發現這些可愛的黃色小棉球，可以試著抬頭，看看相思之美。

昆蟲天堂二叭子

　　臺北市的台北植物園名聲響亮、家喻戶曉，其實新北市也有座宛如世外桃源的植物園，其位於新店安坑名為二叭子。植物園占地130公頃，天然林帶與次生林帶兼具，園區無突兀的人為建築，呈現迷人的半自然風貌。二叭子水氣豐沛，林木蔥鬱高大挺拔，這裡的大樹都當起房東、收起房客，樹幹上的山蘇長得油亮茂盛，從一樓到四樓幾乎樓樓客滿。山邊的駁坎、路邊的渠道大多採生態工法與環境融合，棲地多樣造就了伴生物種的多樣性。

二叭子有許多挺拔的大樹　攝影：無患子

　　而多樣性的棲地首先嘉惠的，就是大爆發的可愛昆蟲，黃蝦花旁、姑婆芋葉下、各式蕨類之間，只要願意停下腳步，就能目睹牠們可愛的生活樣貌，蜻蜓、蝴蝶、瓢蟲、甲蟲們皆體態優美，活力十足的過日子。平常就喜歡觀察昆蟲的朋友，非常推薦在春夏季節來二叭子體驗昆蟲的魅力，以園區廊道為主軸緩慢前進，沿途把注意力濃縮在周遭三公尺的範圍，尤其是溝渠旁、葉背面，然後練習四個步驟：慢、看、停、記錄，以昆蟲視角上下掃描必有收穫。

觀察昆蟲可以協助我們進入微觀世界，你會發現自己與大自然是如此貼近，一片落在林下的紅葉就是一幅畫作，與遠觀大山大水是不同的感動。各類昆蟲身上的顏色、紋路，是這麼多樣與斑斕，在綠葉的襯托下，每個動作皆充滿美感。當你貼近昆蟲視角，你會發現每個角度都有驚喜，每種顏色都異常鮮豔。螞蟻在覓食、甲蟲在發呆，連毛毛蟲移動都很有韻律感，手機就會自然拍個不停，走五十公尺可能就會花掉你一小時的時間。

二叭子植物園幅員頗大，時間允許的話應當撥出全日時段，可以好好體驗一趟大環狀森林浴路線。從捷運新店站搭839線公車，到終點站下車往回走，看見達觀亭就是二叭子植物園入口了。

姑婆芋葉背常有昆蟲休息　攝影：卓美月

🏷 大致路線 〰〰〰〰〰

捷運新店站～839公車～萬象站～達觀亭～二叭子植物園～園區廊道～多功能觀景台～櫻花步道～核心廣場涼亭～折返達觀亭～839公車～捷運新店站

1.二叭子植物園地標　攝影：無患子
2.植物園的廊道是昆蟲樂園　攝影：無患子
3.姑婆芋的果實鮮紅欲滴　攝影：無患子
4.長梗紫苧麻的果實小巧可愛　攝影：無患子
5.苗條的雞冠細身赤鍬形蟲　攝影：無患子
6.溝渠旁的中華珈蟌　攝影：無患子
7.蛾蠟蟬身型好像隱形戰機　攝影：無患子
8.忙碌享用花蜜的大鳳蝶　攝影：無患子
9.常見又好觀察的大星椿象　攝影：無患子
10.躲在葉背的黑緣角胸葉蟬　攝影：無患子

1.蓄勢待發的小螳螂　攝影：無患子

2.閃亮亮的米字長盾背椿象　攝影：無患子

3.在香蕉葉上休息的樹蛙　攝影：無患子

4.油亮亮的赤星瓢蟲　攝影：無患子

5.飛起來飄飄然的三線蝶　攝影：無患子

冬日綠葉下的可愛小動物

其實冬天會出來活動的小動物，比我們想像的多很多，尤其蜘蛛、蝸牛、昆蟲……等，只要往綠色樹葉上找，好天氣找葉面、下雨天找葉背，都會有不少驚喜。而且可能是因為溫度低，行動都比夏天緩慢，很適合拍照記錄。

對我來說，觀察蜘蛛結網是件很紓壓的事，蜘蛛網的放射狀經線黏性較低，而環狀的橫向緯線黏性較高，蜘蛛自己走經線、緯線就用來招待獵物了。在一次偶然的機會發現，蜘蛛結新網時緯線是以螺旋方式由內往外織喔。

而經常在清晨和雨後出現的蝸牛，因為幾乎與露水同步出現，所以臺語用「露螺」稱呼蝸牛，真是非常有智慧。蝸牛的種類非常多，不止有大大的非洲大蝸牛，其實還有其他圓的、扁的、迷你的各式各樣小蝸牛。

冬天出來散步時，別忘了順便看看藏在路邊綠葉裡的小動物，尤其香蕉葉、姑婆芋，總會有一些意外的驚喜。

人面蜘蛛是織網的藝術家
攝影：無患子

曲線窈窕的不知名小蝸牛
攝影：無患子

昆蟲有昆蟲的江湖

如果把這幾年帶戶外走讀時，大家最常問的問題做個排行榜統計，第一名一定是「老師～這植物可以吃嗎？」接下來的第二名當然就是「老師～這昆蟲有毒嗎？」

爬上高處眺望中的豆芫菁
攝影：無患子

其實我們若從源頭思考這個問題，昆蟲有沒有毒，其實取決於你想對牠做什麼事。如果你只是保持距離的觀察，不要干擾牠們的作息，那幾乎什麼昆蟲都沒有毒。

昆蟲的首要任務是長大、找配偶、繁殖下一代，施毒、放毒都會消耗蠻多能量，不會輕易為之。昆蟲的毒除了覓食，大部分是為了防禦天敵，不讓自己被當點心給吃了。

豆芫菁是低海拔山區常見的可愛昆蟲，行動緩慢膽子大容易觀察，不過遇到騷擾時會從足部關節，釋出含芫菁素的黃色液體，接觸皮膚會水腫、潰爛，這是牠的防禦機制。

自然界有食物鏈在運作，吃與被吃天天上演，單純觀察即可，畢竟昆蟲有昆蟲的江湖在運作，不用我們去介入喔！

路線8

水邊散步小粗坑

　　新店溪是臺北生命之河，自古以來就與臺北人息息相關，包含農業灌溉、生活用水皆取自於它。自新店捷運站起往上游算，包含碧潭、青潭、灣潭、直潭與塗潭，都是我們熟悉的地名、水域與休閒場域。為了取水方便，人們在新店溪曲折的河段，陸續構築了碧潭攔砂壩、青潭堰、直潭堰和屈尺壩。更自屈尺壩引水，以明渠、暗管、隧道等方式構築2.6公里的水路，運用高度差讓小粗坑電廠發電，提供昔日基隆、瑞芳與金瓜石地區民生與礦業用電。

從感恩橋欣賞小粗坑電廠　攝影：無患子

　　而在青潭堰附近，有一條迷人的小粗坑步道，是條長度適中、平緩舒適的綠色廊道，可以用步道界的小清新來形容。小粗坑步道離市區很近，只要沿著新烏路一段，轉進永興路就可以到，步道原址是昔日運送烏來山區木材的台車道，後由直潭派出所招募志工修築，轉為人車通行道路。由王永慶家族認養路基維修，並與諸多鄉親共同籌資，再將電廠旁吊橋改為鋼構水泥橋，於民國64年完工通車，並命名為感恩橋，橋邊就有當時共同籌資的名錄碑石。

　　進入步道不久，就會與百年小粗坑發電廠相遇，優雅的仿巴洛克式建築，隱藏著水利發電機組，目前由桂山電廠以遠端操控方式持續服役發電。行至步道中段，新店溪在這裡轉了一個髮夾彎，河面碧藍、視野開闊，常見黑鳶、魚鷹、大冠鷲盤旋，步道就沿著河邊蜿

二、搭配公車走更遠　　135

蜓，清涼舒適非常宜人。沿途植物相豐富，有換葉出新芽的雀榕、葉肉豐厚的伏石蕨、結出鮮亮紅果實的雙花龍葵、構造特別的美人蕉花序，以及葉子、花朵都布滿油點的臺灣油點草。

快樂出發探訪小粗坑步道　攝影：余惠櫻

古老的瑠公圳源自碧潭，現今的翡翠水庫也源自於新店溪上游北勢溪。飲水要思源，臺北人有空應該來這條美麗的林蔭道走走，體驗新店溪對臺北的付出。從新店捷運站轉849線或綠3線公車，大約只要十來分鐘，就可以到達小粗坑步道入口，這麼優質的散步路線，真的可以多多造訪。

📍大致路線 ～～～～～～

捷運新店站～849公車～小粗坑站下車～長興宮～步道入口～小粗坑電廠～永興宮～感恩橋～福德宮～原路折返～步道入口～849公車～捷運新店站

在長興宮旁小粗坑站下車　攝影：無患子

1.從長興宮遙望小粗坑橋　攝影：無患子
2.葉子厚實溫潤的伏石蕨　攝影：無患子
3.從永興宮欣賞小粗坑電廠　攝影：無患子
4.美麗有型的洋洛葵花　攝影：無患子

1.感恩橋上古樸的守護石獅　攝影：無患子
2.青潭堰的美麗風光　攝影：無患子
3.灣潭美景就在眼前　攝影：無患子
4.步道轉角會不時出現美景　攝影：無患子
5.鮮紅閃亮的雙花龍葵果實　攝影：無患子
6.花和葉有油點的臺灣油點草　攝影：無患子
7.美麗驚豔的曲線河道　攝影：無患子
8.從折返點遙望青潭風光　攝影：無患子
9.小粗坑步道會讓人開心放鬆　攝影：路人

樹下遇見小野菇

　　近日走在郊山步道，經常遇見這種小野菇，不過，要嘛場勘趕時間，要嘛上課忙解說，始終未曾爲它停下腳步。上週信步於新店與土城間山徑，又在樹下發現這群小可愛。眞的很小，小到很容易忽略它的存在，不過這次我選擇蹲下。

　　從這個角度，這群不知名的小野菇，很像擠滿小山谷、排排站的小精靈，蕈傘張開的角度讓傘頂的圓弧，延展得恰到好處。樹下遇見小野菇，也請你一起暫停腳步！

路邊樹下可愛的簇生鬼傘　攝影：無患子

信義區虎山親水步道，
復古感濃厚的圓形拱橋.
2021.09.25

臺北市信義區
虎山溪親水步道
繪者：余惠櫻

三、雙北郊山森林浴

　　雙北的郊山充滿魅力，更是各式動植物的最佳棲
地，從陽明山到四獸山、從觀音山到二格山，蔥鬱的森
林是洗滌身心的最佳場域。

路線1
虎豹獅象四獸山

　　來到臺北市找一個路人甲，問說想爬郊山要爬哪一座好，我想十個有九個半會說象山，原因之一是因為交通實在太方便了，捷運象山站出來走一段就可到登山口，原因之二就是登象山可以欣賞101大樓，而且白天夜晚兩相宜，象山的夜觀

象山步道的攝影平台　　攝影：無患子

101更是馳名中外。不過想看101大樓的話，我會推薦直接來趟四獸山連走，從信義區的奉天宮出發，沿虎山步道經120高地、虎山頂、豹山坪、獅山峰，在北星寶宮轉五指山步道接象山步道，到達象山頂後再經六巨石下山，是完整的101吃到飽行程。

　　從奉天宮虎山端出發連走，坡度較緩會比從象山端出發輕鬆一些些，行經虎山120高地時可稍做休息，先欣賞永春陂風光再續行虎山峰平臺。虎山峰周邊蒲葵成林、風味獨特，非常適合打卡留下倩影，是網紅系朋友的最愛，平台上有一組日晷，是少數可以顯示準確時間的設置。接下來順著步道繼續走到瑤池宮，右轉進步道即可前往豹山坪。因為四獸山的地層包含大寮層與石底層，其中石底層是臺灣最重要的含煤地層，所以本區會有許多煤礦坑遺址，豹山坪入口對面的松山一坑就是其中之一。

　　接著繼續探訪隱密的獅山峰，入口就在松山路旁，雖然入口不明顯但指標清楚，應該不至於錯過。最後要前行往北星寶宮接上五指山步道，就可直上象山頂，這裡沿途有許多觀景平台如攝影平台、煙火

平台，都是欣賞101、南山
大樓的好地方。到達六巨石
後下山的方式有兩種選擇，
一個是右行走一線天步道，
以較緩坡道下切到永春陂公
園續行永春捷運站；另一個
選擇是直行陡坡下切象山步
道，可通往信義路五段150
巷22弄的步道口，經象山
公園可達捷運象山站。

四獸山連走101吃到飽行程　攝影：呂碧霜

　　四獸山的由來有諸多傳說，扣除鄭成功的足踏豹山、四獸現形的
神話傳說，較可信的是「虎豹獅象」源自古書中做為猛獸總稱的「虎
豹犀象」，因臺語中獅與犀同音，加上臺灣習俗上視虎豹獅象為祥
獸，故以此為名。臺北市政府近年積極推廣二軸四環路線，也分別在
四座山頂立上嶄新標高木樁，連山名的白底描字都是近期新鮮上色。
除了獅山是別具樂趣的原始山徑，四峰連走的沿線皆為花崗岩階梯與
柏油產業道路，非常推薦大家試試喔！

大致路線 ～～～～～

捷運後山埤站2號出口～奉天宮～虎山步道～虎山頂～豹山坪～獅山
峰～北星寶宮～象山步道～象山頂～六巨石～象山公園～捷運象山站
2號出口

1.虎山步道入口就在奉天宮　攝影：呂碧霜
2.入口階梯陡但距離不長　攝影：無患子
3.步道一開始展望就很棒　攝影：無患子
4.起登不久就可以欣賞101大樓　攝影：無患子
5.虎山120高地的涼亭　攝影：無患子
6.步道口松山一坑的介紹　攝影：無患子
7.獅山峰步道入口較隱密　攝影：無患子
8.虎山峰平台有蒲葵環繞　攝影：無患子
9.豹山坪新設置的木樁地標　攝影：無患子

獅山峰
步道入口

1.獅山峰地標也是新設置的　攝影：曲惠蓮
2.往五指山步道準備轉象山　攝影：呂碧霜
3.階梯緩上可達象山頂　攝影：無患子
4.象山峰頂標高184m　攝影：無患子
5.六巨石的巨石陣　攝影：王明瑛
6.象山步道的步道口　攝影：無患子

美麗的地生蘭～綬草

　　在清明時節盛開的花朵，當屬綬草最受矚目，因為它的另一個名字就叫清明草。雖然每年的時間略有差異，但盛開期總是在清明節的前後一週出現。綬草受人注目的特點，在於螺旋而上的花序，造就一種莫名的吸引力，從基部開始，平均每天往上綻放一朵，花瓣清透的粉紅總是讓人心情愉快。

　　今年的清明連假，拜訪了一個在地圖上消失的場域，在這個受保護的區域，有充足的陽光、濕潤的土地加上少見的人煙，成就了美麗的綬草天堂。今年在臺北盆地的許多草坪，都傳出綬草的蹤跡，大家可以多多留意，清明時節前後就是欣賞的黃金期。

清明節前後是綬草花季　攝影：無患子

霧鎖祕境二子坪

　　二子坪步道位於大屯山西側背風面，是我非常喜歡與推薦的無障礙步道，雖然標高僅八百多公尺，但受東北季風長年吹拂影響，經常籠罩在雲霧之中，特別適合霧林帶植物的生長，也經常可以發現令人驚豔的植物。在一次端午連假的週末，遇上期待的霧鎖大屯山，便穿上雨鞋來了一趟霧訪二子坪。沿途水噹噹的植物陸續出場，滿山壁的生根卷柏、水鴨腳秋海棠與短柄卵果蕨，搭配路旁的臺灣馬藍、蘭崁馬藍與假福王草，讓整段步道綠意盎然。

霧中的二子坪非常吸引人　攝影：楊思眞

　　行至步道後段發現林下隱密處藏著七葉一枝花、有如天使翅膀開著花的羽葉天南星、結著綠色果實的申跋、開白花的金石榴與有著心型葉的大屯細辛，還幸運的遇到和水晶蘭相似的高士佛上鬚蘭，全身雪白無葉綠素，屬腐生性蘭科植物。可口的臺灣杪欏嫩葉被啃得七零八落，吃飽的尺蠖僞裝成殘枝，巧妙地與其融爲一體。花開正盛的普萊氏月桃是常見月桃的親戚，而最後在步道底二子坪生態池歡迎我們的，是滿池水蘊草白花與臺灣萍蓬草。

　　其實不只起霧時刻，一年四季二子坪步道總是充滿了驚喜，尤其在春夏之交的立夏之前，既有春雨洗禮又有陽光照應，走在步道上會既涼爽又溫暖，入口的亮點是油黃的禺毛茛與艷紫的夏枯草，還有

綠晃晃的裏白。如果在初春時節拜訪，步道兩側還會有蘭崁馬藍紫花盛開，小蠟燭般的紅楠新芽處處可見，初開的華八仙則白得純淨；

二子坪遊憩區的尖葉槭會結出可愛翅果，埤塘溼地岸邊斜坡的南國薊開出鮮豔紫紅花朵，水面下有大頭蝌蚪悠遊，岸邊則有面天樹蛙鳴唱，非常熱鬧。

竹子湖春季可賞海芋　攝影：無患子

二子坪步道是陽明山公園著名的五星級步道，無障礙的規劃理念讓輪椅、推車皆可輕易進出。走完之後如果意猶未盡，可以沿著開滿各式野花的巴拉卡公路，從鞍部水尾步道下切竹子湖頂湖，在春、夏不同的季節接續欣賞海芋與繡球花綻放。二子坪步道停車不易，建議從捷運劍潭站搭紅5公車，至陽明山公車總站轉108遊園公車，主線、副線皆可達二子坪。如再下切竹子湖，可從竹子湖派出所搭車下山，非常方便。

⑨ 大致路線 〜〜〜〜〜〜〜

捷運劍潭站〜紅5路公車〜陽明山總站〜轉108公車〜二子坪遊客中心〜二子坪步道〜生態池〜二子坪停車場〜108公車〜陽明山總站〜紅5公車〜捷運劍潭站

⑨ （延伸行程） 〜〜〜〜〜〜〜

二子坪遊客中心〜巴拉卡公路〜大屯山鞍部下切步道〜竹子湖頂湖〜水車寮步道〜湖田國小〜竹子湖派出所公車站〜108公車〜陽明山總站〜紅5公車〜捷運劍潭站

1.二子坪步道非常優質好走　攝影：翁茂昇
2.蘭崁馬藍紫花盛開　攝影：無患子
3.有著天使翅膀的羽葉天南星　攝影：無患子
4.七葉一枝花令人驚豔　攝影：無患子
5.大屯細辛心型葉的漸層色彩　攝影：無患子
6.雅致可愛的高士佛上鬚蘭　攝影：無患子
7.草坪上有許多紫色夏枯草　攝影：無患子
8.假裝成枝條直挺挺的尺蠖　攝影：無患子
9.普萊氏月桃開著美麗花朵　攝影：無患子
10.水蘊草開出點點白色小花　攝影：無患子
11.結著新鮮綠色果實的申跋　攝影：無患子
12.步道入口處綠油油的裏白　攝影：無患子
13.步道上有橘紅色金毛杜鵑　攝影：無患子

1.尖葉楓的果實有兩片翅膀　攝影：無患子
2.生態池邊有美麗的南國薊　攝影：無患子
3.二子坪常有臺灣藍鵲現身　攝影：王明瑛

大屯自然公園的湖光山色

大屯自然公園位於大屯山西北側,是被大屯山、小觀音山、菜公坑山、百拉卡山、向天山、面天山環繞的小盆地,盆地中央積水成池名曰大屯池,是淡水往陽明山的必經之地,從大學時代就經常拜訪。

上個月聖誕節隔天趁著陽光露臉騎車上陽明山曬太陽,正巧遇上自然公園周邊悄然無風池面平靜如鏡,趕緊下

半靜如鏡的湖面　攝影:無患子

車記錄下這三十多年來首次遇上的美景,天空與池水幾乎一樣藍,青山與倒影簡直一樣綠,是種無法言喻的感動。

這個假日寒流來襲陽明山降雪,原本上山想不免俗的跟著追雪,無奈晚了一天,氣溫回升已無雪景可尋。但經過大屯池時補了一張紀錄照,同樣地點、同樣角度、同樣的手機,卻有不同的美麗。

只要打開自然之眼然後多加練習,就可把握生活中隨時出現,但可能稍縱即逝的美麗。

晴空下美麗的臺北盆地～

　　今天一早看見陽光普照，想想機會難得，就立馬從淡水沿北新莊巴拉卡往大屯山前進，到了二子坪繼續上衝到大屯山助航站，這幅美麗的景象立即映入眼簾。

　　幾年前曾經上來一次，念念不忘的美景今日再現，整個臺北盆地美景盡收眼底，尤其基隆河、淡水河、二重疏洪道、社子島，甚至向右可以看到淡水三芝的海邊。

　　平常在淡水仰望的觀音山，現在成為畫面中右手邊，遠方的墨綠色小山。而較為靠近的翠綠色山巒，由右而左就是面天山、大屯西峰、大屯南峰，超出畫面左方無法入鏡的則是最高的七星山，還看得到小油坑在冒煙。

　　有如此美景真是臺北人的福氣，好天氣來到這邊，視野遼闊、心情愉快。有興趣的朋友，建議一大早上來是最佳時間喔。

從大屯助航站遠眺臺北盆地　攝影：無患子

蓬萊原鄉竹子湖

　　陽明山竹子湖是臺北人經常會造訪的好去處，是位於大屯山、小觀音山與七星山之間的美麗山凹，早期是火山熔岩所形成的堰塞湖，湖水退去後形成土質良好的適耕地，初期滿山都是包籜矢竹，故稱爲竹子湖。因爲氣候涼爽，土壤有機質含量高，加上水質優良，在日治時期就成爲當時種植日本型稉稻的原種田，所生產的稻米在1926年的米穀大會中，正式命名爲蓬萊米。

竹子湖蓬萊米原種田故事館
攝影：無患子

　　命名的地點，就在當時的臺灣鐵道飯店（約爲現今北車新光大樓位置），而名字則是由磯永吉博士提出新台米、新高米、蓬萊米這三個建議中，再由伊澤多喜男總督圈選。蓬萊米這個名字沿用至今，就衍伸成爲舉凡在臺灣育種、改良、生產的日本型稉稻之統稱。而在竹子湖入口停車場的不遠處有座蓬萊米原種田故事館，在日治時期爲當時的原種田耕作管理運作中心，於2015年正式開放後館中展示許多臺灣米食發展的故事，是來到竹子湖不可錯過的景點。

　　竹子湖地區大致可分爲東湖、頂湖、下湖和中央林地。建議在拜訪蓬萊米原種田故事館後，可以沿著東湖的水車寮步道前往頂湖遠望小油坑，沿途有清淨透涼的水圳相伴，備感沁心。竹子湖的產業發展從清治時期迄今，可分爲蓬萊米原種田時期、竹子湖高冷蔬菜時期、高冷花卉海芋時期，目前則以休閒農業爲發展主力。如果在夏至時節拜訪會遇上繡球花、百子蓮盛開，海芋也仍風韻猶存。

　　走出東湖的水車寮步道續往前行，就會進入較裡側、遊客較少

的頂湖地區，這裡三面環山較為寧靜也有較開闊的山景。坐在海芋田中央的小咖啡廳，被大屯山、七星山和小觀音山環抱，看看花、聽聽鳥，還有海芋田裡優游的蝌蚪，不用特別做什麼都覺得心情愉快。望著遠方小油坑的硫磺熱氣，遙想著70萬年前風起雲湧的火山噴發，造就了這獨特的大屯火山群峰風貌，頓時感受到大自然的無比力量。

因為竹子湖的三個湖都是凹地，若想體驗竹子湖迷人之處，建議捨駕車改步行，從周邊的環湖步道欣賞立體的美景，讓森林、竹林到花田全都有層次的入鏡。山邊的水氣足、干擾少，植物與動物都顯得特別快樂，尤其是夏至前後蟬聲奏鳴曲更是竹子湖的重頭戲，陽明山暮蟬、騷蟬、螻蛄是大宗，穿插著高砂熊蟬與紅脈熊蟬，熱鬧程度遠勝平地，一定不可錯過。

從捷運北投站搭小9公車、捷運石牌站搭小8公車或從捷運劍潭站搭紅5公車到陽明山總站轉108公車，皆可到達竹子湖派出所站，非常方便。

從頂湖環山道欣賞小油坑　攝影：無患子

📍大致行程 ～～～～～

捷運北投站（小9）、捷運石牌站（小8）、捷運劍潭站（紅5轉108）～竹子湖派出所站～所前觀景平台～蓬萊米原種田故事館～湖田國小後方步道～高家半月池～東湖水車寮步道～ㄟ米間～高家繡球花田～頂湖賞花環狀步道（反時針方向）～鐘聲幸福觀景台～名陽圃休閒農莊～竹子湖路～竹子湖黑森林～湖田橋～人車分道木棧道～竹子湖派出所～公車下山（小8、小9、108轉紅5）

1.竹子湖派出所對面景觀台　攝影：無患子
2.原種田故事館可申請解說　攝影：無患子
3.蓬萊米育種討論會議復原像　攝影：無患子
4.磯永吉教授與末永仁先生像　攝影：無患子
5.東湖的水漾水車寮步道　攝影：無患子

1.走出水車寮步道通往頂湖　攝影：無患子
2.從鐘聲幸福觀景台欣賞頂湖　攝影：無患子
3.水車寮步道旁高家繡球花田　攝影：無患子
4.頂湖的山邊有清涼的水圳　攝影：無患子
5.頂湖的名陽圃花田　攝影：無患子
6.各式色彩繽紛的繡球花　攝影：無患子
7.竹子湖周邊有不少孟宗竹林　攝影：無患子
8.頂湖中央區域的海芋花田　攝影：無患子
9.山邊梯田也是滿滿的海芋　攝影：無患子

一起乾杯吧冇骨消

先解釋一下，冇骨消是一種植物名，這個「冇」字很有趣，讀音同「某」，只比有字少兩橫，冇就是沒有的意思。生活中如果用臺語來說「有沒有」，我們就會「有冇」來表達。

冇骨消的蜜杯是昆蟲最愛　攝影：無患子

冇骨消是一種常見的藥用植物，主要用來治療跌打損傷，對於骨折特有療效，所以臺語又被稱爲打（ㄆㄚˋ）骨消，而ㄆㄚˋ這個音又有疏鬆之意，用來形容冇骨消的功效非常傳神。

冇骨消喜愛陽光，大多生長在野外坡地上方，目前是花季初期。爲了吸引昆蟲來授粉，花間會布滿「金黃小蜜杯」，蜜杯裡有滿滿的花蜜，所以常見蝴蝶、螞蟻前來乾杯同樂。

看著這些大口享用的昆蟲們，好想和它們一起舉杯大聲說～乾杯吧！冇骨消。

路線4
冷水坑上夢幻湖

　　如果你只有半天的時間，又想要體驗陽明山國家公園的迷人風采，有一條入門級路線推薦給你，包含了登山、健行、賞芒、高山湖、生態池還有火山地形，那就是冷水坑與夢幻湖之間的環形步道。從冷水坑服務站出發，面對七星東峰以反時針方向沿步道拾階而上，美麗的大屯火山彙群峰，就會神奇的依序出現在你眼前，由右至左包含擎天崗、磺嘴山、七股山以及最有肌肉感的竹子山。回程下山後再往菁山吊橋方向前進，在群山環繞的生態池緩緩散步一圈，會是山林旅行的一大享受。

　　從冷水坑服務站出發走人車分道路線，到達冷水坑溫泉後從旁邊階梯上行可達夢幻湖停車場，接著只要續行標示清楚的環形步道，就可以開始欣賞大屯火山群峰的風采，隨著高度的遞增風景也逐漸開闊，沿途都有清楚的解說牌說明群山之美，特別推薦山勢雄偉、令人驚豔的竹子山，值得你慢慢欣賞。不消四十分鐘，就可以來到美麗的夢幻湖，迎接你的會是臺北樹蛙冬季求偶的低沉鳴叫，還有七星東峰與柳杉林的經典倒影；幸運的話，還會遇上渡冬候鳥從天而降，在湖面劃出數道白色水線。

夢幻湖陽光燦爛環景照　攝影：無患子

夢幻湖的水源來自降雨及岩層自然滲水，因此四季水位會有高低變化，有時夏季還會乾枯見底，所以想一窺夢幻湖的夢幻迷濛之美，最好選秋冬季降雨較盛的時節造訪，尤其起霧之時漫步在柳杉林中，是很棒的享受。續往前行到達制高點涼亭後，臺北盆地全貌與北海岸金山海景可以一次入袋，接著回程下行，步道兩旁就是一大片如浪的白背芒花，這是秋天的限定景色，下山途中還有彩蛋，就是路邊岩壁上可愛的食蟲植物小毛氈苔，一定不可錯過。

　　回到冷水坑別忘了留點時間，穿過落羽杉步道、菁山吊橋、小森林來到生態池，沿途有呂宋莢蒾、山月桃、山桂花以及臺灣萍蓬草相伴，回程時記得在生態池、菁山吊橋和七星山合影，真的很合拍喔！

菁山吊橋和七星山很合拍　　攝影：無患子

📍大致路線 〜〜〜〜〜

捷運劍潭站～小15公車～冷水坑服務站～冷水坑溫泉～夢幻湖停車場～夢幻湖環形步道（上山）～夢幻湖～柳杉林～制高點涼亭～夢幻湖環形步道（下山）～冷水坑～菁山吊橋～生態池環狀步道～冷水坑～小15～捷運劍潭站

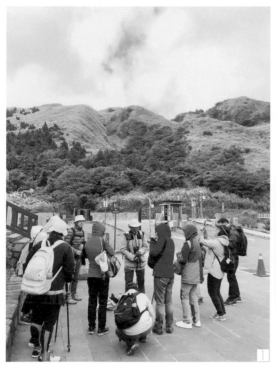

1.冷水坑服務站是集合好地點　攝影：林玉莉
2.起登不久回望夢幻湖停車場　攝影：林玉莉
3.夢幻湖環狀步道寬闊好走　攝影：曲惠蓮
4.前方是山勢雄偉的竹子山　攝影：無患子

1.夢幻湖有舒適的柳杉步道　攝影：曲惠蓮
2.路上就有現成的山野教室　攝影：林玉莉
3.沿途山壁有可愛的小毛氈苔　攝影：無患子
4.夢幻湖賞景平台風景秀麗　攝影：林玉莉
5.陽光下的夢幻湖清晰透明　攝影：林玉莉
6.從上方拍攝的夢幻湖輪廓　攝影：無患子
7.出夢幻湖可見制高點涼亭　攝影：林玉莉
8.從制高點可遠眺七星公園　攝影：卓美月
9.一下山就是整片芒花相迎　攝影：林玉莉

1.紅楠芽苞好像迷你豬腳　攝影：無患子
2.通過落羽杉步道往生態池　攝影：無患子
3.生態池和七星山也是絕配　攝影：曲惠蓮
4.菁山吊橋旁鮮紅呂宋莢蒾果實　攝影：無患子

大屯火山觀測站

在七星山的半山腰有座火山觀測站，就位於紗帽山後方的菁山自然中心，平時未開放需行文申請才能入內參觀。園區前方就是無敵的超廣角山景，從101大樓到觀音山皆一覽無遺，尤其是眼前的紗帽山，原來是這麼美。

站內有詳細精美的地形圖，並展示各項火山檢測數據與設備，駐站人員放下繁雜的公務，非常熱情與仔細的介紹大屯火山彙。原來七星山真的還活著，岩漿庫就在萬里、金山下方，只是深度頗深相對穩定，不用太擔心。

觀測站旁有條人車分道的林下步道可直上冷水坑菁山吊橋，沿途行經冷水坑苗圃，兩邊有落羽杉和水杉相伴，是條非常舒適好走的步道路線。

火山觀測站有專業的解說
攝影：無患子

觀測站前令人驚豔的山景
攝影：無患子

路線5
環形步道擎天崗

擎天崗大草原因為交通方便，是臺北陽明山的熱門景點，但也因為熱門而停車位一位難求，經常在路口大排長龍，建議在捷運劍潭站搭小15公車上山是較好的選擇。而且建議不要直接坐到終點擎天崗，而是提早在田尾湖站下車，切進冷水坑的

環狀步道沿途風景開闊　攝影：無患子

苗圃產業道路，可一路欣賞七星東峰美景。通過落羽杉林、水杉林後可達冷水坑服務站，稍作休息後再走菁山吊橋、生態池轉冷擎步道上擎天崗。一路雖有起伏但坡度適中，沿途植物多樣：有雙扇蕨、金狗毛蕨……等，是條舒適且舒心的好走路線。

沿冷擎步道到達擎天崗草原後，可以反時針方向順著環型步道慢行，建議時間可以抓鬆一點，就可以從竹篙山支線切出再回主步道。竹篙山頂是個很棒的眺望點，從七星山、大屯山、觀音山、紗帽山到臺北盆地以及淡水河，皆可盡收眼底，CP值超高。擎天崗的環形步道規劃多年，立體起伏的路線安排極具巧思，每一段不管環內環外都有絕佳的視角，遠看近看皆風景。沿途還有幾座軍用碉堡點綴期間，站在金包里大路的矮城門前，腦中不禁浮現魚路古道上先民往來金山、臺北的熱鬧情景。

走在環形步道上當然少不了水牛低頭吃草的地景，幾個凹地路段都有水牛群現身，這些都是步道附贈的驚喜。擎天崗冬季東北季風強勁，水牛在此謀生誠屬不易，草原上雖然設置了不少避牛椿，還貼心

附上使用說明，不過還是小心避過、遠遠拍照，不要干擾才是上策。擎天崗天氣多變、雲層流轉迅速，可能在半山腰還是湛藍晴天，轉過山谷就轉爲帶風、帶霧、夾著細雨的迷濛霧白，看著人們倉皇撐傘而園區的水牛卻早已處變不驚，依舊低頭悠哉用餐。

　　平常都是大晴天來拜訪的朋友，不妨趁秋冬多霧之際帶好禦寒衣物、保溫熱飲來這走走，享受擎天崗專屬的晴霧瞬間與風雨幻化之美。

擎天崗的天氣瞬息萬變　攝影：謝秋香

📍大致路線 〰〰〰〰

捷運劍潭站～小15公車～田尾湖站～苗圃產業道路～冷水坑遊客涼亭～菁山吊橋～生態池～冷擎步道～雞心崙～擎天崗～竹篙山～環狀步道～魚路古道城牆～擎天崗停車場～小15公車～捷運劍潭站

田尾湖站下車轉產業道路　攝影：曲惠蓮

1.通過水杉林直通菁山吊橋　攝影：詹曉雲
2.在服務區休息後前往生態池　攝影：無患子
3.繞過生態池後接冷擎步道　攝影：曲惠蓮
4.可以在雞心崙展望台休息　攝影：無患子
5.金狗毛羽葉基部會缺2~3片小羽片　攝影：曲惠蓮
6.叉路上行即可達擎天崗　攝影：無患子
7.冷擎步道大部分為石板路　攝影：無患子
8.冷擎步道還有小野溪相伴　攝影：無患子

1.一上擎天崗就是碧綠草原　攝影：無患子
2.設置柵欄是爲了人牛分道　攝影：無患子
3.竹篙山有很棒的展望視野　攝影：無患子
4.以竹子山爲背景的中央步道　攝影：無患子
5.擎天崗上有數個軍用碉堡　攝影：無患子
6.步道周邊設有多處避牛椿　攝影：無患子
7.遇到水牛小心避開勿打擾　攝影：卓美月
8.金包里大路起點矮城牆　攝影：無患子

淡蘭印記雙扇蕨

　　如果你曾走過淡蘭古道，你會發現包含北路、中路、南路的步道標示系統，都有一個手掌狀的美麗標誌雙扇蕨，它是橫跨臺北、新北、基隆、宜蘭的淡蘭共同印記，只要看到它你就會很安心，知道自己正在古道的懷抱裡。

小油坑橋山壁上的雙扇蕨
攝影：無患子

　　想要看看雙扇蕨本尊其實不難，走一趟陽明山陽金公路，在小油坑橋旁的山壁上就可目睹風采。雙扇蕨外型非常特別，像一雙打開的手掌，葉形、葉脈都是二叉分裂，屬於遠古蕨類，在侏羅紀之前就出現在地球上。

　　雙扇蕨喜歡向陽又有霧氣的開闊區域，所以在陽明山竹子湖以上容易起霧的向陽山壁，較容易發現它的蹤跡。雙扇蕨的新生嫩葉很像梳著油頭，鮮嫩又可愛，也像極了天使的翅膀，下回上陽明山，記得仔細找找喔！

雙扇蕨嫩葉宛如天使翅膀
攝影：無患子

路線6
黃金瀑布尋古道

　　許多人都知道，在瑞芳陰陽海往金瓜石的水金公路旁，有個美麗的黃金瀑布，是著名的網美打卡點。但其實在陽明山天母古道旁有座翠峰瀑布，因溪水富含硫磺，將瀑布上的岩壁、溪石染成迷人的亮橘色，被稱爲陽明山版的黃金瀑布。有個較輕鬆的拜訪方式，就是可以先從捷運劍潭站坐紅5公車上山到文化大學站，進愛富二街後直行到陽明山天主堂，右轉愛富三街12巷後從登山口進天母古道，下行至翠峰亭與打印臺之間，向右循石階下切河谷，遇小平台再右切走林下小徑，循著瀑布水聲卽可到達。

含硫磺溪水將溪石染成金黃
攝影：無患子

　　因爲南礦溪的水量豐沛，加上瀑布周邊岩壁環繞，水瀑烙下的聲音響亮、立體，坐在溪邊的大岩塊上聆聽水樂是絕佳的享受，可以用手機將瀑布水聲錄下，日後回味十分療癒。接著可循溪水下行，就會接上昔日連接天母地區的翠峰古道。這條森林版的天母古道距離不長，但平時較少人行走，雖然步道相對原始，但林木扶疏可享受舒爽的綠色森林浴，加上沿途皆爲緩坡下行，不久就會通過慈母橋到達半嶺地區的紗帽路。順著路慢慢散步下山卽可到達天母圓環，轉搭公車卽可到捷運站。

　　這條由上而下的賞瀑路線，建議在出發前可以先在文大附近繞繞，逛逛山仔后地區的美軍顧問團宿舍群。經過草山水道系統第三水源，也就是藍寶石泉園區門口時，記得感受一下這片山林爲我們供應乾淨用水的恩賜。步道沿途大部分都在林下綠意盎然非常涼爽，較之連續石階下坡的天母水管路是相對較舒適好走的路線。需要注意的

是，從翠峰亭下切黃金瀑布的這一小段，步道由石階轉為天然林下步道，坡度轉陡需手腳並用小心行走。

陽明山的步道總是給人柳暗花明的驚喜，在看似無路的盡頭往往會出現意外轉折，要多留點時間來細細品味這種山林樂趣。

📍大致路線 〰〰〰

捷運劍潭站1號出口～紅5公車～文化大學站～愛富二街～陽明山天主堂～愛富三街12巷步道口～藍寶石泉園區門口～翠峰亭～黃金瀑布～翠峰古道～慈母橋～翠峰橋觀景台～天母圓環～紅19、224公車～捷運石牌站

下行不遠有翠峰橋觀景台　攝影：無患子

搭公車在文化大學站下車　攝影：無患子

天主堂轉愛富三路12巷
攝影：無患子

1.從愛富三路登山口出發　攝影：無患子
2.步道前段有寬闊休息區　攝影：呂碧霜
3.前行不久即會遇到翠峰亭　攝影：無患子
4.在打印台前右切階梯下行　攝影：無患子
5.造型特別的天草鳳尾蕨　攝影：無患子

1.階梯下行小平台需右轉林道　攝影：無患子
2.循著自然林道下切翠峰瀑布　攝影：無患子
3.有一小段陡坡需小心慢行　攝影：呂碧霜
4.柳暗花明來到翠峰瀑布　攝影：無患子
5.現場有美妙的瀑布環繞音場　攝影：余雪櫻
6.沿著崁邊小水管續往下行　攝影：詹曉雲
7.沿途享受舒爽綠色森林浴　攝影：呂碧霜
8.沿途林下步道舒適好走　攝影：呂碧霜
9.步道出口為半嶺慈母橋　攝影：無患子
10.順著紗帽路下行可到天母　攝影：無患子

陽明山藍寶石泉

　　中秋連假多了一個意外之旅，就是半年前就預定的陽明山藍寶石泉探祕，因為防疫所需已經暫停數月，就在中秋節前祕境重新開放，幸運搭上重啟的頭班列車，拜訪這個泉水終年不斷的火山湧泉祕境。

　　草山水道系統於1928年興建、1932年完工，兼具發電與民生供水之功能，而藍寶石泉是水道系統的第三水源，泉質極優屬於火山岩湧泉，不需過濾可直接飲用，因泉水會折射出藍寶石般的透亮

幸運參訪藍寶石泉園區　攝影：無患子

泉水透著藍寶石光　攝影：無患子

光芒，故以此為名。

　　與藍寶石泉互相映襯的，是輸送湧泉的第三水管橋，也叫草山水管橋，是水道系統三座水管橋中唯一的弧形拱橋，幽美的線條屹立山中將近90年，讓人不禁佩服設計者佐野藤次郎工學博士的精湛功力。

　　想要一睹祕境，可到自來水園區網站首頁線上預約，找「好水探祕行程」的個人自由行，不過這是秒殺行程，手腳可得俐落點！

造型優美的第三水管橋　攝影：無患子

路線7
茶香步道覓茶香

　　說到北部最有人氣的茶，不外乎文山包種茶與木柵鐵觀音，其中文山包種茶爲輕發酵茶，茶色蜜黃碧綠有蘭桂香、茶湯圓滑甘醇、茶性青春活潑；而木柵鐵觀音則爲中發酵茶，茶色黃中帶褐有熟果香、茶湯濃而純厚、茶性成熟高貴。兩種茶葉各具特色也各有擁護者，而想要體驗原汁原味的木柵鐵觀音，到貓空指南路的茶展中心走一趟，是個不錯的選擇。如果人數達二十五人，還可申請茶園及戶外園區導覽、專業茶師指導茶藝，現場還有貓空在地優質茶農駐點提供茶葉品茗，可說五感兼具。

茶展中心有常設展介紹茶葉
攝影：無患子

　　和很多地方一樣，貓空的地名由來有好多種，依據在地人的說法，是因爲當地指南溪的河床有著特有壺穴地形，在形容這種不平整的孔洞表面時，通常會用臺語的「貓貓的孔」來形容，因爲用字特別，慢慢的貓空就成爲樟湖地區的代名詞。茶展中心館外有完善的茶香環狀步道，由健康步道、茶展中心步道、壺穴步道和小天空步道組成，可視時間與體力選擇大環狀線或小環狀線體驗。兩條路線皆能到達指南溪河床的壺穴地形，可現場體會貓空地名的由來，見過一次就終身難忘。

　　大環路線由茶展中心旁出發走健康步道，沿線大多爲高架木棧道可欣賞美麗山景，一路下切至谷底可接上茶展中心步道。接著轉上行先到觀瀑亭賞小瀑布，通過長虹橋後沿連續階梯前進，到達岔路左

切下行至吊橋，欣賞指南溪壺穴地形，後續接上壺穴步道到茶壺亭右轉小天空步道，即可回到茶展中心。而小環路線則是在健康步道中間點即右切支線，先到土地公廟後再接一小段茶展中心步道，即可到吊橋壺穴處。大環狀線有瀑布可賞但高度落差大，適合腳力較好的朋友，小環狀線路程較短但景色優美，坡度適中，推薦闔家共遊。

茶香環狀步道風景優美且芬多精滿滿，沿途不時會出現小巧茶園與精緻茶館，建議回程時可尋一家有緣的在地茶坊，品嚐過色香味兼具的正欉鐵觀音，才算完整體驗「茶香步道」之行。

茶香環狀步道－臺北工務局大地工程處

📍 大致路線：（大環路線）

捷運動物園站1號出口～棕15公車～茶展中心站～健康步道～山谷底～茶展中心步道～觀瀑亭～長虹橋～貓空壺穴～壺穴步道～茶壺亭～小天空步道～茶展中心站～棕15公車～捷運動物園站

📍 大致路線：（小環路線）

捷運動物園站1號出口～棕15公車～茶展中心站～健康步道支線～土地公廟～茶展中心步道～貓空壺穴～壺穴步道～茶壺亭～小天空步道～茶展中心站～棕15公車～捷運動物園站

1.茶展中心可申請室內導覽　攝影：余惠櫻
2.亦可申請戶外茶園解說　攝影：詹曉雲
3.步道周邊就有精緻小茶園　攝影：無患子
4.健康步道大部分是木棧道　攝影：無患子
5.健康步道下切河谷風景優美　攝影：無患子
6.沿茶展中心步道上行　攝影：無患子
7.觀瀑亭前指南溪的小瀑布　攝影：無患子
8.上行不遠即可遇見觀瀑亭　攝影：無患子
9.過長虹橋後是連續階梯上坡　攝影：無患子
10.到達岔路口可下切壺穴吊橋　攝影：無患子
11吊橋下指南溪上的壺穴地形　攝影：無患子

1.壺穴步道旁的小茶園　攝影：無患子
2.出壺穴步道接小天空步道　攝影：無患子
3.小環路線中途需右切支線　攝影：無患子
4.小環路線中途有休憩涼亭　攝影：曲惠蓮
5.土地公廟旁下切壺穴吊橋　攝影：曲惠蓮
6.木柵鐵觀音值得細細品嚐　攝影：王明瑛

木柵貓空品茶初體驗

　　因緣際會參加一場貓空茶園走讀活動，是由錫瑠環境綠化基金會所主辦，策劃人非常用心，與當地茶農合作安排了一場入門款的品茶活動。雖說是入門款，但流程與器具比照比賽等級，全都符合ISO3103的規定，經過一堂基本課程再由專業茶農示範後，一群人就開始盲測五種常見茶葉。

　　看著白磁製的審茶杯與審茶碗，感覺自己瞬間專業起來，從沖茶、倒茶、觀茶、聞茶到品茶，當五種不同的茶湯一字排開時，心中的成就感油然而生。對於茶葉我是百分百門外漢，初次的盲測雖只對了3題，但經過精心安排的品茶洗禮，這五種茶的滋味全數立體化，和茶名一一對上，再次品嘗應該有自信認得出來。

有機會可上貓空體驗品茶　攝影：無患子

　　另外，與喝醉浪費酒一樣，喝到茶醉是很糟蹋茶的，適量的品茶才是王道。而要避免茶喝太多而低血糖茶醉，除了不要喝太快，也可以搭配少量的小茶點墊底。

　　照片中的五種茶，單看茶湯的顏色你可以認出幾種！試試看，先不要看下面的解答喔。

　　PS：五種茶由左至右，分別為東方美人、文山包種、紅茶、烏龍與木柵鐵觀音。

路線8
樟樹樟湖環狀道

　　木柵貓空地區雖以茶葉聞名，但早年因滿山樟樹而以樟湖為名，而昔日許多串連茶園的農路如今經過規劃整理，誕生多條優質的林間步道，其中最有名的就是由樟湖步道、樟樹步道串聯成的環狀路線。而想來貓空，最推薦的交通方式就是以水

晴空下的貓纜貓空站　攝影：無患子

晶車廂聞名的貓空纜車，越過一個又一個的山頭來到貓空，全程四公里悠遊卡價只要一百元，和國外的著名景點相比真的物超所值。如果在初春的魯冰花季搭配貓空纜車上山散步品茶，就成了臺北獨一無二的貓纜、貓花、貓茶的三合一走讀行程。

　　搭上貓纜來到貓空站，別急著往人多的左邊走，換個方向轉向右朝樟湖樟樹環狀道前進。可以先欣賞相思木炭窯旁樟樹、楠木上可愛的山蘇、兔腳蕨與水龍骨嫩葉，接著左行進入樟湖步道以順時針方向拜訪環狀道。穿過民宅後隨著緩坡逐步上，行視野也逐漸開闊，沿途還有許多木製裝置藝術可欣賞。步道中段是在木柵與新店交界的稜線上，如在雨後造訪，山嵐迭起、雲霧翻騰的景象可謂十分夢幻。後段步道轉下行，因步道採自然工法的碎木屑鋪面，走來不僅舒適更有種溫潤的感受。

　　走出樟湖步道後，可以轉進樟山寺休息，這裡有絕佳的臺北盆地遠眺景觀，還有奉茶服務——道地的鐵觀音，茶色明亮、有著淡淡熟果香，啜飲著暖茶配著絕佳美景，是專屬臺北郊山的享受。在樟山

寺稍作休息後，可續行後半
段平緩的樟樹步道。如在春
夏拜訪，有機會在中段涼亭
旁駁坎的排水孔，發現青蛙
在裡面納涼；而在秋末初冬
造訪，沿路的落羽杉會展現
迷人的冬紅；而農曆春節前
後，在彩雲亭前方則是一整
片盛開的金黃魯冰花。

魯冰花種在茶園成為綠肥　攝影：無患子

　　環狀步道走完一圈可以回到貓纜站，如果你安排一整天，則強烈
推薦您從彩雲亭下切至指南路三段38巷，在田寮橋旁有個貓空水土保
持茶園，園區種植著有名的鐵觀音茶樹，是個有景緻卻少有人跡的典
型祕境，可以加碼前往。

📍 **大致路線** ~~~~~~~

捷運動物園站～貓纜動物園站～貓纜貓空站～相思炭窯～樟湖步道～
瓦厝～樟山寺～樟樹步
道～彩雲亭～魯冰花田～
貓纜貓空站

早期貓空地區有多座木炭窯　攝影：林玉莉

1.粉綠的水龍骨嫩葉　攝影：無患子

2.指南路三段38巷樟湖步道　攝影：無患子

3.秋天樟湖步道旁的芒花　攝影：無患子

4.樟湖步道旁的茶園風光　攝影：無患子

5.步道上居高臨下的聆風亭　攝影：無患子

6.聆風亭的展望極佳　攝影：無患子

7.自然工法的碎木屑鋪面　攝影：無患子

8.步道大部分為好走的緩坡　攝影：無患子

9.沿途有許多木製裝置藝術　攝影：無患子

1.樟山寺的展望也是一等一　攝影：無患子
2.春天樟樹步道上的山櫻花　攝影：無患子
3.步道上一株特別紅的落羽杉　攝影：無患子
4.彩雲亭前變色中的落羽杉　攝影：無患子
5.彩雲亭前盛開的魯冰花田　攝影：無患子
6.魯冰花的正式名是羽扇豆　攝影：無患子
7.田寮橋旁有水土保持茶園　攝影：無患子
8.示範茶園下方有生態埤塘　攝影：無患子

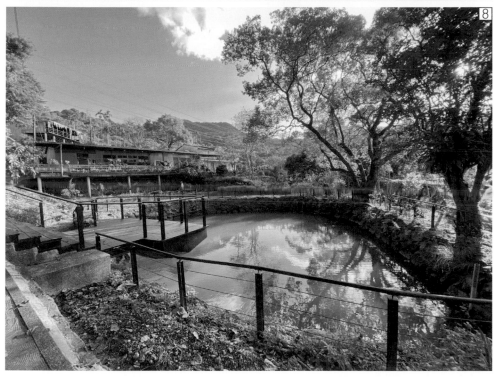

貓空茶園健康步道

　　爲了尋找貓空的走跳新路線，特別上山小繞了一段，原本只要走左線的茶香環狀步道，卻無意間在美加茶園與田寮橋之間，發現一個很棒的新景點——貓空水土保持茶園，入口雖有標示，但步道隱密，不特別留意很容易錯過。

　　貓空的田寮地區，曾經發生大規模的山坡崩塌，後經固坡工程改善後，於105年闢建水土保持教育園區，展示多項生態自然排水工法，園區種植著名的鐵觀音茶樹，另有木棧道連貫園區，視野開闊，景色優美。

　　沿著階梯下行通過埤塘可接上茶葉古道，通往山下的指南國小，步行約1公里後可搭上棕15公車回到捷運站。

水土保持示範茶園　攝影：無患子

路線9
八里占山觀景趣

占山位於八里觀音山東南方，從五股方向看占山時，因山形對稱狀似富士山，在日治時期日人稱之為淡水富士，而且占山也稱尖山，以臺語發音非常的接近。如果從紅樹林捷運站望向對岸觀音山，

從捷運紅樹林站遠望觀音山　攝影：無患子

最高處是硬漢嶺，最左邊的錐形山頭就是占山了。占山頂上有座觀景台，高度適中視野極佳，可以遠眺臺北盆地北端，涵蓋二重疏洪道、社子島、關渡、紅樹林一直到淡海新市鎮。當然對面的向天山、面天山、大屯山與七星山，一樣可以全數盡入眼底。

要上占山可以過關渡橋從八里平地出發，上行至觀音社區再上切占山，這比較有挑戰性。建議可以從捷運蘆洲站搭橘20公車，到達半山腰的遊客中心，先走挑高的林梢步道，可以近距離觀察樹冠層的生態，到達凌雲禪寺後再轉占山步道，前行大約1.2公里即可到達觀景平台。如果不想挑戰上上下下的占山連峰步道，前兩座小山可改走橫切腰繞路線，沿路都是自然山徑搭配簡易繩索，不僅較為輕鬆也更具樂趣，保留點體力欣賞占山頂美麗蝴蝶與環景好視野。

另外，許多人都知道觀音山上有座硬漢嶺，而上硬漢嶺，要走總長1500M的硬漢嶺石階步道直上，如果想換換口味試試其他的路線，其實在觀音山的半山腰，還有一條非常有登山樂趣的北橫古道。北橫古道有一至五段，從凌雲禪寺出發走尖山步道，在半路上就會看到一塊樸素的指標往北橫，全段路面皆為天然土石與樹根，是非常樸實的

三、雙北郊山森林浴　195

山林步道。整條古道幾乎繞了四分之三圈的觀音山，最後會接上硬漢嶺步道中段，沿途有7條岔路都可以直接登頂，喜歡挑戰有難度的朋友可以找一條試試。

體力一般的朋友真心推薦占山步道，是條有樂趣、有風景又會流點汗的路線，回程時可以在占山鞍部左切下行東明宮到觀音社區，在福隆宮搭公車回蘆洲捷運站完成八里占山之行。

展望對岸向天山與面天山　攝影：無患子

📍大致路線 ～～～～～～～

捷運蘆洲站～橘20公車～觀音山遊客中心站～林梢步道～凌雲禪寺～占山步道～占山連峰腰繞路線～占山觀景台～下山～占山鞍部～東明宮～觀音社區～福隆宮～橘20、785公車～捷運蘆洲站

從遊客中心走林梢步道　攝影：詹曉雲

1.林梢步道可觀察樹冠層生態　攝影：無患子
2.行經凌雲禪寺修行地愣巖閣　攝影：無患子
3.愣巖閣建築為巴洛克閩南風　攝影：無患子
4.春天步道上會有粉紅山櫻花　攝影：無患子
5.占山步道前段有連續階梯　攝影：羅望子

1.占山連峰可走腰繞路線　攝影：曲惠蓮
2.美麗的雌黑端豹斑蝶　攝影：翁茂昇
3.在占山觀景台用濾光片觀日　攝影：余惠櫻
4.在觀景平台欣賞雙河匯流　攝影：無患子
5.展望關渡大橋與大度路　攝影：無患子

基隆河、淡水河雙河匯流～

　　臺北盆地的三條河川中，大漢溪在江子翠和新店溪匯流成為淡水河，基隆河則在盆地西北邊的關渡地區匯入。而觀察基隆河、淡水河雙河匯流的最佳地點，就在五股獅子頭上方的環山道路。

　　一直很想從這個角度拍張照片，無奈五股往關渡橋方向交通流量大，連停個機車都難，好不容易遇到個好天氣，乾脆用步行走上去用手機留下紀錄。畫面左方是基隆河，右方是淡水河，中間就是社子島了。從這個角度看，淡水河頗有大河的氣勢，而下方的獅子頭遺址則述說著當年獅象守口的故事。

　　隨著獅子頭隘口的消失，關渡、社子、五股三個地區的地景人文、自然景觀都大幅改變。過去雖無法回溯但現況可以珍惜，關渡平原、社子島、五股澤地，都有美麗的棲地需要我們去守護。

左方基隆河匯入淡水河　攝影：無患子

路線10
猴硐貓村賞壺穴

緊鄰基隆河上游的猴硐是昔日產煤重鎮，雖然名中有猴但近年來卻是以貓而聞名，一到猴硐車站就會感到濃濃的貓味。沿著車站上方的貓天橋往後方山邊走就是最近的貓街，可能天氣炎熱沿途貓兒大多慵懶，在這遇上一隻穿著白襪的黑色靚貓，蠻有個性不太給拍，輕巧的沿著牆垣散步，搭配藍天是不錯的畫面，喜歡貓的朋友可以來逛逛。

接著來到煤礦博物館園區，先逛逛用心規劃的願景館再到河岸觀景台，可以由下而上欣賞優雅的運煤橋，再循著階梯走上運煤橋俯看基隆河風光，還有整個猴硐礦業核心——選煤場遺址。過橋後左行一小段會遇上古樸的石階步道，上行小越嶺接上公路，路不遠便可到達猴硐神社入口，雖然神社只剩遺跡，但沿著神社階梯拾級而上時，仍會有特別的時空感受。

貓街上穿著白襪的黑貓
攝影：無患子

從神社原路回到運煤橋後，建議花點時間繼續前行，沿著侯硐路散步穿越猴硐老街區，到舊礦工宿舍對岸欣賞猴硐壺穴。猴硐的地質屬於沉積砂岩與頁岩，軟硬不同的岩層，在造山運動的擠壓與基隆河經年累月的沖刷下，形成層理地形、壺穴地形、節理地形、多色岩壁等令人驚艷的地質景觀，尤其在礦工宿舍與運煤橋之間的河道，是非常棒的天然地質教室。

欣賞完壺穴再回頭到復興橋，過橋前往礦工紀念館、舊礦工宿舍與瑞三本坑礦坑口，礦工紀念館用心的展出昔日礦工們生活縮影，令人動容。接著就可以再循柴寮路沿著基隆河，回到猴硐火車站。對地質與植物有興趣的朋友，在過復興橋前

基隆河床多樣的層理地形　攝影：無患子

可以沿著侯硐路再前行，大約在三貂嶺車站的對面山壁，有一段彩色岩壁與特別的東方狗脊蕨可以欣賞。

這次的猴硐行在2020年的6月，剛好碰上兩百年一遇的日環蝕，雖然在北部只能看到日偏蝕，但可以目睹有如眉月般的太陽，搭配現場奇異的色溫，仍有著十足的參與感。順道一提，如果沒帶賞日蝕專用的濾鏡，可以在樹下藉由樹葉孔隙的針孔成像，一樣可以欣賞到無數美麗的日蝕景像。

📍 大致路線 〰〰〰〰〰

猴硐火車站～貓村～煤礦博物館園區～瑞三運煤橋～猴硐神社～運煤礦車隧道遺址～猴硐舊街道～復興橋～柴寮路～礦工紀念館～瑞三本坑～猴硐車站

猴硐車站有貓的裝置藝術　攝影：無患子

1

2

4

5

3

1.從車站俯看站前廣場願景館　攝影：余惠櫻
2.願景館裡有礦工們生活紀錄　攝影：無患子
3.從觀景台仰望樸實的運煤橋　攝影：無患子
4.運煤橋是很棒的觀景位置　攝影：無患子
5.欣賞基隆河多樣地質樣貌　攝影：無患子
6.猴硐神社前的階梯　攝影：無患子
7.猴硐神社遺址　攝影：無患子
8.舊礦工宿舍前的猴硐壺穴　攝影：無患子

1.猶如豆腐般的節理地形　攝影：無患子
2.昔日繁華的端二本坑山　攝影：無患子
3.館內礦工們的生活紀錄展　攝影：無患子
4.基隆河畔的舊礦工宿舍　攝影：無患子
5.樹下欣賞針孔成像的眉日　攝影：無患子
6.三貂嶺車站對岸的東方狗脊蕨　攝影：無患子
7.東方狗脊蕨上的不定芽　攝影：無患子
8.三貂嶺車站對岸的彩壁　攝影：無患子

慢行也是一種選擇～蝸牛

　　這個週末全家大小回臺南探望母親，回臺北臨行前，在庭院拍下這隻緩行的蝸牛，幸運拍下蝸牛觸角上細小的眼睛，兩個細細的小點很可愛。

　　雨後的黃昏天氣涼爽，蝸牛喜歡出來散步兼用餐，吃飯的時候會用牠有如銼刀的齒舌，把植物的葉子或苔蘚銼下來吃，所以有時會觀察到行經的路線會留下淺淺的凹槽喔。

　　看著蝸牛徐行，我想起一段話「一直前進也一直錯過，暫停～可以讓生活更有深度」。緩行的蝸牛有如南部的生活步調，可以令人放鬆與舒緩，提醒自己總不能一直緊繃著，也要學學慢行與欣賞的哲理。

行進間的蝸牛其實很可愛　　攝影：無患子

正濱漁港彩虹屋,
有「台版威尼斯彩色島」美譽.
一排彩色小屋.好夢幻.
2021.04.23

基隆正濱漁港彩虹屋
繪者：余惠櫻

四、東北海岸好風光

　　東北角海岸線有著特殊的地形與氣候，是大自然給
北臺灣最美麗的餽贈，蜿蜒的峽灣與金色的山城，散發
出獨特自慢的山海魅力。

正濱漁港和平島

原本只是單純計畫到基隆港賞黑鳶，經過幾次場勘後發現基隆處處驚奇，就一路串聯起海洋廣場、正濱漁港、阿根納造船廠、天后宮、西班牙諸聖教堂遺址與和平島公園，組成了這次包含歷史人文與自然地質的深度之旅。從臺北出發可以搭火車，或者在捷運圓山站搭9006公車，就可到達海洋廣場。接著就是輕鬆的坐在港邊，欣賞精彩的黑鳶飛行秀，如果是在秋天的十月前後造訪，就有機會遇上四、五十隻的黑鳶在港區優雅盤旋、覓食、嬉戲。

彩虹屋是正濱漁港的熱點　攝影：無患子

接著搭101路公車來到正濱漁港，這個基隆老資歷的漁業基地，經過彩虹屋繽紛色彩的加持後，成爲北臺灣火紅打卡點。如果只是取景拍照會有點浪費，建議繞著港區走一圈，用不同視角欣賞岸邊的裝置藝術。也可以一邊看著很有架勢的釣魚ㄚ伯，一邊試試港邊現做的漁港特產吉古拉。港邊的和平橋是臺灣第一座跨海大橋，橋邊八尺門水道旁是阿根納造船廠遺址，原址是日治時期用來存放金瓜石礦石的貯礦場，頹圮的建物有一種特別的滄桑感。

走過和平橋就進入昔日稱爲社寮島的和平島，早在十七世紀西班牙人就在此處建城，也就是聖薩爾瓦多城。雖然古城早已湮沒在造船廠的船塢之下，但近年來在臺灣與西班牙考古學者通力合作下，記錄在古地圖中的古西班牙教堂，終於從平一路臺船停車場下順利出土和

世人相見，非常值得參觀。自平一路續往前行就是和平島公園，購票入場後可沿著環島步道繞行，欣賞豐富多樣的海蝕地形。到達岸邊後會出現與海相連的海水大泳池，可以邊泡腳邊欣賞海景，還會有大小魚兒從腳邊游過非常有趣。

這段從正濱漁港到和平島公園的路程有一段距離，但真的非常推薦大家以步行方式來體驗，回程順便到天后宮繞繞，經過市場時還可體驗道地小吃，最後再從平一路公車總站搭公車回海洋廣場，完成這段深度的大和平島之旅。

坐在岸邊欣賞海景非常療癒
攝影：王明瑛

📍 大致路線 〜〜〜〜〜〜

捷運圓山站～9006路公車～基隆海洋廣場～轉101路（經中正路）公車～正濱派出所站～正濱漁港～阿根納造船廠～平一路～西班牙諸聖教堂遺址～和平島步道～和平島潮池～天后宮～公車總站～海洋廣場～9006公車～捷運圓山站

海洋廣場是賞鷹人士的熱點
攝影：無患子

1.彩虹屋有許多特色店家　攝影：無患子
2.可沿著港區欣賞裝置藝術　攝影：無患子
3.步道沿途風景優美展望佳　攝影：曲惠蓮
4.港區也是許多釣客的最愛　攝影：無患子
5.正濱漁港的特色小吃吉古拉　攝影：無患子
6.頹圮的造船廠有歷史滄桑感　攝影：無患子
7.十七世紀西班牙諸聖教堂　攝影：無患子
8.和平島公園有許多海蝕地形　攝影：無患子
9.八尺門水道旁阿根納造船廠　攝影：無患子

1.十月分基隆港的黑鳶群　攝影：無患子
2.令人驚嘆的海蝕地形萬人堆　攝影：無患子
3.與海相通的海水游泳池　攝影：無患子

基隆港的黑鳶群影片
攝影：無患子

暖暖百年幫浦間

九月中旬一個偶然的機會來到基隆的暖暖，一個很早就想拜訪的城鎮，暖暖市區雖然不大，但有一個和淡水雙峻頭水道系統系出同門，竣工時間也同梯的暖暖淨水場，一樣由任職東京帝大的英國籍工程師巴爾頓所設計規劃。

淡水雙峻頭水道系統於1899年啟用，而暖暖水道系統則竣工於1902年，提供基隆港區市民、船舶所需之潔淨用水。1908年於暖暖溪旁興建攔河堰與幫浦間，將暖暖溪原水加壓送到上方淨水場，是日治時期重要的自來水給水系統。

這次的暖暖行是剛好行程有2小時空檔，就從以壺穴地形聞名的暖江橋出發，越過暖暖火車站天橋，再沿著暖暖溪右岸木棧道上行，不久便來到暖暖溪攔河堰，古老的紅磚百年幫浦室就靜靜的坐落在暖暖溪邊，樸實卻很有韻味。

站在紅磚幫浦室旁，靜靜聽著攔河堰的水瀑聲，感到舒心且寧謐，日後必當安排更長時間前來感受。

迷人的暖暖百年幫浦間　攝影：無患子

基隆青鳥望海港

　　每次到基隆賞黑鳶，都想找一個可以居高臨下，好眺望基隆港的地方，所以自從基隆太平青鳥書店在2021年10月開幕後，就一直是想去體驗的口袋景點。這次機會來了說走就走，搭上熟悉的9006公車朝海洋廣場出發，下車後穿越基隆火車站南站北站間的道路，走進中山一路113巷的KEELUNG地標步道，再沿著階梯穿越罾仔寮聚落，一路上行即可到達青鳥書店。

　　書店就在KEELUNG地標下方不遠處，由太平國小舊校舍活化改建而成，白色外牆加上木製大門親和力十足，三層樓的空間配置簡單樸實，樓層間的穿透效果令人激賞，搭配簡約的燈光，意外的創造出令人驚艷的場域。書店各區、各桌的選書

在山頂有極佳的港區展望　　攝影：無患子

都很有特色，帶有基隆味、生態味與海洋文學味，很適合愛書的朋友；帶杯咖啡上頂樓遠眺基隆港，更是極佳的享受。

　　走出書店上行就是基隆地標公園，續往前行會通往罾仔寮後山，就在山腰涼亭處有一條通往山頂的綠色蕨類步道，與前山的聚落地景截然不同，沿途布滿了各式各樣鮮活嫩綠的蕨類。因為是五月造訪，沿途階梯布滿了正值花期的酸藤小紅花與烏皮九芎小白花，頗具詩意。步道可直上罾仔寮山頂的午砲遺址，剛好可以與翱翔的黑鳶一起遠眺基隆港內港風光。

　　另外也要特別推薦罾仔寮聚落，「罾」讀ㄗㄥ，「罾仔」是一種

捕魚工具，罾仔寮是昔日基隆港邊的漁村聚落，在基隆港全盛時期更是碼頭工人的主力生活圈。所以四通八達的巷弄裡記錄著精彩的生活印記，記得上山、下山都別急，可沿著半山腰的巷弄左彎右拐、緩慢徐行，會遇上許多聚落再造的裝置藝術，頗有百折千迴的尋寶感。

來到基隆別急著買名產、逛夜市，從基隆火車站出發，先來罾仔寮、太平青鳥逛逛，從113巷上山、189巷下山，試試用雙腳以不同路線穿越罾仔聚落，會有類似九份的山城感受喔。

社區四處都有精彩的壁畫　攝影：無患子

📍 大致路線 ～～～～～

捷運圓山站～9006公車～海洋廣場～基隆地標步道入口～罾仔寮聚落～青鳥書店～基隆地標～後山綠蕨步道～罾仔寮山～午砲遺址～罾仔寮聚落～9006公車～捷運圓山站

中山一路113巷步道入口　攝影：無患子

1.罾仔寮社區地標意象介紹　攝影：無患子
2.步道邊隨時會出現小巧花園　攝影：無患子
3.路邊展覽室小巧卻資料豐富　攝影：任怡玲
4.聚落屋角常見鱗蓋鳳尾蕨　攝影：無患子
5.階梯到頂就是太平國小校舍　攝影：無患子
6.已經廢校的太平國小校舍　攝影：無患子
7.由太平校舍改建的青鳥書店　攝影：無患子
8.青鳥書店選書有藝文氣息　攝影：無患子

1.地板打通讓空間具通透感　攝影：無患子
2.從三樓可遠眺基隆港內港　攝影：無患子
3.青鳥書店後方爲基隆地標　攝影：無患子
4.罾仔寮後山有蕨類步道　攝影：無患子
5.步道上鋪滿了烏皮九芎白花　攝影：無患子
6.罾仔寮山山頂有午砲遺址　攝影：無患子
7.聚落居民打造裝置藝術　攝影：無患子
8.罾仔寮社區巷道四通八達　攝影：無患子

美麗超乎想像的蛾

　　一般較容易吸引我們目光的，是有繽紛花紋的蝴蝶，尤其是體型大的鳳蝶。但這幾年我發現，蛾的特殊紋路有一種迷幻的魔力，與蝴蝶分屬不同的視覺感受，特別是天蛾與天蠶蛾。

　　去年春天一個外出散步的夜晚，就在全聯的騎樓下，第一次與長尾水青蛾不期而遇，驚艷於牠單純而細緻的水青色，後翅有著美麗而細長的螺旋曲線，外帶四顆粉黃的神奇寶貝球。

　　而這次在颱風過後放晴的空檔，遇上一隻停在停車場藍色柏油上的夾竹桃天蛾，深綠色中夾著白色與棕色色塊，不連續但對稱的曲線非常夢幻，親眼見到比照片精彩數倍。

　　長尾水青蛾幼蟲食草是楓香，夾竹桃天蛾幼蟲食草則是日日春，兩種蛾體型都大、不難觀察，幸運遇到時記得拿出手機手刀拍下喔。

長尾水青蛾造型美麗
攝影：無患子

夾竹桃天蛾色彩迷幻
攝影：無患子

路線3
潮境公園野百合

在北部如果想要親近海，除了海水浴場的沙岸，還有許多美麗的岩岸可以拜訪，以交通的便利性來說，基隆海科館旁的潮境公園是個很棒的選擇。除了多路公車可到達，也可以選擇搭乘火車，從瑞芳火車站轉搭深澳線在海科館站下車，可以從容軒步道走到海科館再一路逛到潮境公園。特別推薦坐在第一節車廂，可以用駕駛員的視角，以緩慢的車速在一個個隧道間前進，忽明忽暗的過程會有一種迷人的祕境感，到海科館站後就從海科館的容軒園區起逛。

海科館站下車就是容軒園區
攝影：無患子

現今的海科館，是由服役四十四年的北部火力發電廠改建而成，而容軒園區就位於電廠的東南側丘陵，是昔日北火的員工宿舍群所在，走出海科館站就看得到。現今保留部分宿舍基地樣貌，全區以兼顧人文與自然的方式呈現，環境清幽野花遍布，非常適合散步。站上容軒步道頂端觀景台，有接近360度的環景視野，從右方的九份山城、深澳岬角、基隆山到左邊八斗子半島的潮境公園、海科館皆一覽無遺，還可遠眺八斗子漁港及碧砂漁港。

下容軒步道後穿越天橋先到海科館參觀，稍作休息後可以信步穿越長潭里漁港來到潮境公園。季節對的話，可以沿途看到漁民曬石花菜的實況，濃淡不同的黃很是吸引人。潮境公園臨海的砂岩紋理層層堆疊、海蝕地形巧奪天工，如果是在春天拜訪，退潮時的海蝕平臺會

布滿碧綠海草，有如一片大草原。輕輕避開如茵碧綠向前探訪，小海溝裡會有海兔和像麵線般的卵串，陽隧足會從岩縫露出了一隻隻的小腳，而這樣的美景是季節限定——只到四月初。

　　續往前行就是潮境公園的臨海草原區，在這裡可以欣賞寬闊的海景與各式裝置藝術，後方岩壁上盛開著臺灣野百合，迎風草地上的片片淡紫，則是只在夏至前盛開的夏枯草，這樣的美景也是初夏限定。記得趁著有陽光的日子搭火車來潮境公園逛逛。提醒欣賞美景的同時，也要尊重這些潮間帶的小生命，不要過度干擾。

季節限定至四月初的綠地毯
攝影：無患子

🅿 大致路線 〜〜〜〜〜

臺北火車站～瑞芳火車站～三月台深澳線～海科館站～容軒步道～環狀展望台～海科館～長潭里漁港～海蝕平台～潮境公園步道～海科館搭2288A公車～臺北轉運站

在瑞芳火車站轉深澳線　攝影：無患子

1.坐在第一節車廂欣賞好風景　攝影：曲惠蓮

2.容軒園區是北火員工宿舍群　攝影：無患子

3.容軒步道是環教的好場域　攝影：余惠櫻

4.步道頂有極佳的峽灣展望　攝影：無患子

1.海科館由北火電廠改建　攝影：無患子
2.海科館旁就是長潭里漁港　攝影：無患子
3.漁港旁可見曬洗石花菜　攝影：無患子
4.展望台可看到潮境公園全景　攝影：無患子
5.不同曬洗階段的石花菜　攝影：無患子
6.海蝕平臺會布滿碧綠海草　攝影：無患子
7.層層的海蝕地形巧奪天工　攝影：無患子
8.潮境公園著名的飛天掃把　攝影：詹曉雲
9.淡紫的夏枯草只開到夏至　攝影：無患子
10.臺灣野百合開在春夏之交　攝影：無患子

貼近身邊可愛的小動物

手機是個很棒的記錄工具，花點巧思將機身上下顛倒，讓鏡頭位於下方，就可以轉換成貼近地面的平行視角，用來記錄小昆蟲會非常有趣。

其實記錄小動物的同時，最好也讓四週的環境一併入鏡，就可以理解牠們現身的原因；覓食、求偶、產卵或僅是路過。日後遇到類似的環境，就可以期待小可愛再度出現。

拍昆蟲時可以接近，但切記不要碰觸也不要驚擾，一則是尊重生物、一則也是保護自己，尤其是色彩鮮豔的毛毛蟲，受到驚嚇時可是會噴出毒毛的喔！

月桃上露臉的可愛蚱蜢　攝影：無患子

路線4
陽光燦爛鼻頭角

　　臺灣東北有三角，富貴鼻頭三貂角，極北是富貴角、極東是三貂角，而鼻頭角則是東西向海岸轉南北向的轉折點。鼻頭角的地質為砂岩夾頁岩，兩種不同硬度的岩層，在海浪與海風的洗禮下，創造出海蝕崖、海蝕凹、海蝕洞與海蝕平台等精彩地貌。更棒的是這裡有條鼻頭角步道，可以從鼻頭國小旁的入口出發走環形稜谷步道欣賞海岸風光，最後下切接上鼻頭漁港聚落，是條適合全家共遊的濱海路線。

　　鼻頭角步道不長但生態非常豐富，從鼻頭角公車站下車上斜坡天橋，前段步道就有大葉山欖、厚葉石斑木、臺灣蘆竹、野牡丹、山葡萄歡迎你，在小岩洞裡還有機會發現可愛的土地公拐。如果在初夏拜訪，鼻頭國小的步道入口就會有盛開的蜘蛛蘭一路相伴，步道還有灰木、草海桐、爬森藤、臺灣澤蘭、凹葉柃木等濱海特色植物，而步道臨海段最具特色的地景，就是面海山坡上滿滿的林投樹。

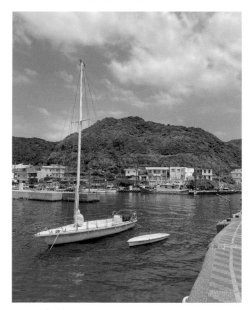

鼻頭角漁港雖小但風景優美
攝影：無患子

　　鼻頭角步道前三分之二為山稜線，可遠眺海景與山景，後三分之一則是植被豐富的綠山谷。步道中段有一處廢棄軍營，近年搖身一變成為有著彩虹階梯與粉紅迷彩的聽濤園區，可以在這喝個咖啡喘口氣，以優雅的心情傾聽浪濤聲，相信你會愛上這個小山谷。全段步道環行一圈有四座觀景涼亭，每座都有不可錯過的海景與山景，視角與

展望非常多樣，是一條回望顏值極高的路線，非常適合邊走邊回頭。

　　記得第一次到鼻頭角，是多年前夏天的夜觀活動，夜晚拜訪鼻頭角步道可免去視覺上的干擾，一群人就著月光靜靜聆聽海浪拍打礁石的聲音，一種沁入人心的平靜，至今依舊無比清晰。如果想白天拜訪，會推薦秋天十月，找個天氣剛好、陽光剛好溫度也剛好的日子，來這享受燦爛的秋日陽光。

📍大致路線 〜〜〜〜〜

捷運圓山站〜9006公車〜基
隆海洋廣場〜791公車〜鼻頭
角站下車〜鼻頭國小〜鼻頭
角步道〜觀海涼亭〜聽濤園
區〜觀海涼亭〜森林步道〜
鼻頭漁港〜791公車站牌〜海
洋廣場〜9006站牌〜捷運圓
山站

往北可一路望到野柳岬角　攝影：無患子

鼻頭角步道口在鼻頭國小旁　攝影：無患子

1.步道沿途種植不少蜘蛛蘭　攝影：無患子
2.林投樹是海岸線的特色地景　攝影：無患子
3.林投的嫩葉有美麗的輪廓　攝影：無患子
4.草海桐的花朵猶如半朵白花　攝影：無患子
5.鼻頭角步道是人面蜘蛛天堂　攝影：無患子

1.鼻頭角有多樣的海蝕地形　攝影：無患子
2.鼻頭角步道的回望顏值極高　攝影：曲惠蓮
3.停在月桃葉上的紅星斑蛺蝶　攝影：無患子
4.步道臨海段可下切碧綠草原　攝影：無患子
5.步道沿途有多個觀海涼亭　攝影：無患子
6.步道中段有小長城的氛圍　攝影：無患子
7.聽濤園區的粉紅迷彩營舍　攝影：無患子
8.聽濤園區可以傾聽浪濤　攝影：無患子
9.山景起伏與海景互相映襯　攝影：無患子
10.最後一個涼亭展望極佳　攝影：無患子
11.末段下切可回到鼻頭漁港　攝影：無患子
12.鼻頭漁港聚落有海味小吃　攝影：卓美月

秋天的果實寶庫

　　住在淡水的房子已經超過18年，今天才發現樓下對面的行道樹有好幾棵烏心石，因為草地上可愛的鮮紅種子，實在太特別、太可愛了，納悶的是我為何一直沒發現。

　　而且除了烏心石，臺灣欒樹的蒴果也越來越大，蒲葵果實、羅比親王海棗果實、酒瓶椰子果實、朴樹果實、樟樹果實、紫薇果實、青楓果實、流蘇果實……等，全部都清楚起來。

　　春耕、夏耘、秋收、冬藏，對自然萬物似乎都適用，過了中秋後不難發現，各式樹上的果實都逐漸浮現，而且顏色轉深容易觀察。在樹上的就用相機記錄，在地上的就可以撿一些回家，放小瓶罐中欣賞。

秋天的街頭就是果實寶庫
攝影：無患子

　　樹的種子外型都蠻討喜的，而且保證住家附近都有，只是有沒有發現而已！出去走走吧，一定會挖到寶，加油。

山城散步金瓜石

　　金瓜石是一個繁華後仍帶有氣質的山城，卽便緊臨遊客如織的九份，卻仍保有質樸的生活味道，就像勸濟堂旁的白帶魚米粉，單純的米粉湯、親民的價格、能吃飽的量，湯裡還飄著芋頭香。走在金瓜石的街道上，幾乎任何角度都不會錯過這兩座山，一個就是基隆山，又稱大肚美人山，是帶著優美稜線的美麗山脈；另一座就是大名鼎鼎的無耳茶壺山，以前不懂此名緣由，其實只要現地一遊，望向山頭卽可秒懂。

　　金瓜石也是個好散步的山城，但大多數的人都只走黃金博物館，這樣有點可惜。其實可以到遊客中心拿張導覽地圖，照著地圖上的路線環繞一圈，從四連棟、鍊金樓、輕便車道、本山五坑、黃金館到勸濟堂，再延伸至有無敵海景的報時山與內九份溪畔的祈堂老街。老街裡有許多年輕一代經營的民宿，只要一小群人，就可以將小小的民宿咖啡店擠得滿滿的，就算是陰雨綿綿的天氣，屋內的氣氛也是溫暖滿滿，老屋與咖啡眞的是絕配。

線條優美的大肚美人山　攝影：無患子

　　對金瓜石的印象來自電影無言的山丘，它帶出我對礦坑的諸多想像。實際走進本山五坑，不長的一百七十米，卻有深刻的坑道體驗。礦坑出口銜接往黃金神社的山徑，雖然僅存數座石燈、鳥居與殿柱，但其位置佳、視野廣，值得花體力登高一訪。如果體力夠可以續往上行，前往本山礦場的地質公園，刻意布置的大片岩石陣列，淡化了黑

色裸露岩壁的滄桑。沿途記得回頭望向延伸至基隆的海岸線，錯落的山城與蜿蜒的海岸線，原來是如此美麗的搭配。

　　九份與金瓜石這兩座昔日的礦山雖然是鄰居，但不同於基隆山西側九份的活潑熱鬧，東側的金瓜石顯得內向安靜，一樣是山城卻有著截然不同的質感與深度，非常適合喜愛慢遊的旅人。金瓜石有山景、有海景，在巷弄、礦坑與碎石道間有著許多走法，給它一點時間，你會驚訝於這座山城的美麗，千萬不要摸摸大金塊就走喔！

可試試環狀路線走讀金瓜石
攝影：無患子

📍 大致路線 ～～～～～～

捷運忠孝復興站～1062公車～黃金博物館～遊客中心～四連棟～煉金樓～本山五坑～金瓜石神社～黃金館～無耳茶壺山步道口～報時山步道～勸濟堂～白帶魚米粉～彩虹階梯～祈堂老街～遊客中心～1062公車～捷運忠孝復興站

入口處遊客中心有導覽服務
攝影：無患子

1.四連棟是昔日日籍幹部宿舍　攝影：無患子
2.四連棟的室內陳設保留原味　攝影：無患子
3.室內防空洞是四連棟的特色　攝影：無患子
4.簡簡單單的樓梯很有懷舊味　攝影：無患子
5.園區木棧道是昔日臺車道　攝影：無患子

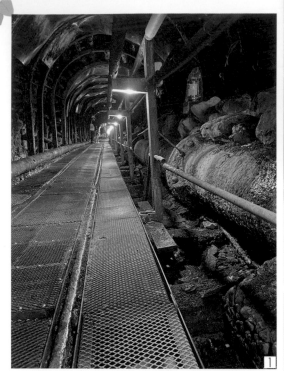

1.本山五坑不長但臨場感十足　攝影：無患子
2.往金瓜石神社路上的石燈籠　攝影：無患子
3.金瓜石神社基座與石柱遺址　攝影：無患子
4.神社對面就是無耳茶壺山　攝影：無患子
5.舊鼓風機是礦坑作業的命脈　攝影：無患子
6.布置岩石陣列的地質公園　攝影：無患子
7.大肚美人山與金瓜石的合影　攝影：無患子
8.報時山步道雖短但景緻絕美　攝影：曲惠蓮
9.報時山觀景臺俯瞰陰陽海　攝影：無患子
10.民宿咖啡廳溫馨好聊天　攝影：詹曉雲

1.美味又具飽足感的白帶魚米粉　攝影：無患子
2.祈堂老街的彩虹階梯　攝影：無患子
3.內九份溪的水流聲很療癒　攝影：曲惠蓮
4.祈堂老街的金礦裝置藝術　攝影：曲惠蓮

小葉欖仁下的小確幸

　　小葉欖仁一直是我很喜歡的樹種，枝幹會一層一層水平輪生，延伸出去後就像一把傘的傘骨，夏天長滿秀氣的綠葉後，真的就像一把綠色的大傘。

　　小葉欖仁的樹葉不會非常濃密，但遮住烈陽已綽綽有餘，特別的是在乘涼之餘，依舊可以欣賞到點點陽光自葉縫透出，可說是恰到好處的涼，這也是我的樹下小確幸。

　　臺灣許多地方的行道樹、庭院樹都會選擇小葉欖仁來栽種，如果你家附近找不到，可以到公園、校園試試喔。

小葉欖仁的樹形像一把傘　攝影：無患子

路線6
九份老街三層橋

　　想要欣賞絕美的東北角海岸線，九份老街應該是最佳的地點。從公車站下車後，記得不要直接鑽進人潮洶湧的基山街，要先從站牌下方的輕便路往昇平戲院的方向逛，從五番坑、頌德公園、磅坑口經淡蘭古道走到流籠頭觀景平台。沿途可眺望東北角海岸風光，從深澳岬灣、潮境公園到和平島的社寮大橋，海天一色的美景盡收眼底，單純散步就心曠神怡。

　　流籠頭觀景台是琉瑯路的最高點，是昔日運補物資的集散地，而琉瑯路是舊時的流籠路，不過並非懸空吊索，而是斜坡式的台車道，於流籠頭設置電動絞盤，牽動台車用來運補民生物資上九份。在黃金山城繁華落盡後，這條流籠台車軌道也隨之拆除，鋪上石板後成為筆直的階梯山徑，被賦予新的生命價值，順著石階步道下行就可到達瑞芳端的流籠腳。

沿途欣賞東北角優美海岸線
攝影：無患子

　　回程時沿著輕便路至基山街口，順著基山街上行，在金山岩前轉階梯向上可至九份國小制高點，接著就可以由上而下在三橫一豎的汽車路、輕便路、基山街與豎崎路之間穿梭遊走。阿妹茶樓、昇平戲院、五番坑、八番坑與台陽礦業事務所都是九份山城的歷史印記，而承載山城記憶的輕便路，有著紅磚、石牆、鐵線蕨以及殘留的古味，散發著截然不同的基調。

有一次在濃濃大霧中拜訪九份，視野被限縮在三十公尺內，雖然說好的無敵海景無緣相見，但霧中的九份特別有山城的韻味，徐行走過磅坑口，會有一種彷若穿越時空的感受。建議可多留點時間給昇平戲院，整修後的戲院還原了二樓座位區的優美弧形線條，六百人的劇場空間是當時繁華的代名詞，值得大家體驗。另外，在基山路與輕便路之間有多段階梯，隨意漫步緩行，更能體驗到九份專屬的尋寶樂趣。

如果時間不趕，特別推薦可走停車場旁的山尖古道，去拜訪水圳三層橋，下層是清治時期的人行石拱橋，上層則是日治時期的水圳水泥橋，將外九份溪的河水導引至水湳洞，提供選鍊廠使用，特殊景緻可說全臺絕無僅有。

沿著山尖古道可至三層橋　攝影：無患子

📍大致路線 〰〰〰〰

捷運忠孝復興站～1062公車～九份老街站～輕便路～昇平戲院～五番坑～頌德公園景觀台～磅坑口～流籠頭觀景台～折返～基山街～九份國小～三橫一豎步道區～三層橋水圳道～石壁小徑～金福宮～瓜山國小公車站～捷運忠孝復興站

1.從公車站下方輕便路起逛　攝影：無患子
2.輕便路上的街景很有立體感　攝影：無患子
3.昇平戲院內部空間線條優美　攝影：無患子
4.昇平戲院整修後開放參觀　攝影：無患子
5.五番坑道口隱身在山城之中　攝影：無患子
6.琉瑯路步道平順好走風景優　攝影：無患子
7.順著指標前往流籠頭觀景台　攝影：無患子
8.流籠頭是昔日物資集散地　攝影：無患子
9.頌德公園前有絕佳九份街景　攝影：無患子
10.輕便路會穿越磅坑口隧道　攝影：無患子

1.回程是欣賞九份最美角度　攝影：無患子
2.至交叉口可順著基山街上行　攝影：無患子
3.九份街的階梯總是充滿驚喜　攝影：無患子
4.山城的好風景出現在制高點　攝影：無患子
5.九份國小前的彩繪階梯　攝影：無患子
6.芋圓店窗外就有絕美海景　攝影：無患子
7.豎崎路上都是濃濃山城味　攝影：無患子
8.豎崎路底是台陽礦業事務所　攝影：無患子
9.台陽事務所旁的八番坑　攝影：無患子
10.沿著水圳道可行至金瓜石　攝影：無患子

鉛色水鶇溪邊遊

一些在溪邊現身的飛羽，可以間接反應出溪流的水質，一般我們會稱牠們為水質指標鳥。包含小剪尾、河烏、鉛色水鶇……等，牠們對環境水質要求都高。也就是說，當你看到這些水鳥時，代表你眼前溪流的水質是優良的。

鉛色水鶇－雄鳥　攝影：無患子

這次在平溪嶺腳車站附近的基隆河上游，幸運記錄到鉛色水鶇的鳴唱，橘紅色尾羽的是雄鳥，灰褐色尾羽的是雌鳥。鉛色水鶇的領域性很強也很愛現，會在同一個場域來回穿梭，一點幸運加上一些耐心，應該都可以拍得到。

可能是為了彼此間的溝通，溪鳥們的共同特徵，就是尾羽都會上下開合擺動，搭配鮮明的尾羽，常可愛，辨識度極高。大家可以熟悉一下牠們的聲音，下次聽到時記得停下腳步仔細尋找，應該不會失望喔。

鉛色水鶇-雄鳥

鉛色水鶇影片－雄鳥
攝影：無患子

鉛色水鶇-雌鳥

鉛色水鶇影片－雌鳥
攝影：無患子

平溪嶺腳車站，鐵軌路線有大幅度彎
2022.04.29 ㊏、所以有人稱微笑車站。

小心月台

新北市平溪區
嶺腳車站
繪者：余惠櫻

五、水水世界沁心涼

　　新店溪、大漢溪、基隆河與淡水河是雙北的生命之
川，而散布在四大水系中上游的天然水路與各式水圳步
道，皆是炎炎夏日的最佳散步去處。

路線1
尋找淡水的淡水

　　自來水供水系統的出現，讓近代人類的生活向前邁進了一大步，而臺灣第一套自來水供水系統就出現在日治時期的淡水街。這套系統建於1899年的日治時期，由英國衛生工程學家巴爾頓與其門生濱野彌四郎規劃設置，主要提供淡水港、港區公署及淡水街區用水，且持續運作至今已經超過123年。供應這套系統的水源，就是與陽明山藍寶石泉齊名，位於水源街二段的雙峻頭水源地，湧泉來自穩定的火山岩地層，水質優良且出水穩定終年不斷，至今仍然是淡水地區重要的自來水與灌溉用水水源。

庄子內溪出海口正對觀音山
攝影：無患子

　　爲體會好水尋來不易，多次帶著朋友、學生由下游往上游探尋這個淡水的淡水水源。可以從淡水捷運站出發沿著庄子內溪邊小徑，穿過金龍橋下谷地，再沿著灌溉水圳上溯即可到達后山下的雙峻頭水源地。庄子內溪是淡水河右岸第一條支流，匯入口就在淡水捷運站與殼牌倉庫之間，向前望去就是八里觀音山的美麗錐形線條。別看庄子內溪水色黯淡不太起眼，其實它是承受了繁華街道的人爲汙染才蒙塵，沿著水線上尋，可以發現水質愈往上游愈清澈。

　　從殼牌倉庫出發走學府路，行經古刹鄞山寺、鄧公國小後右切鄧公路32巷、忠愛街，就可接上水圳道到水源地。越往上行水圳水質漸好、周邊生態漸佳，心情也愈來愈好。水圳沿線綠意盎然、蝴蝶群

飛，茭白筍田旁還有罕見的木賊。進入雙峻頭水源地園區，大夥都驚艷於一株百歲以上的老樟樹，樹冠寬大樹型優美，自然透出的樟木香令人通體舒暢。水源地的水質清澈甘甜非常優質，所以周邊地區拜其之賜，盛產只喝好水的特有蔬菜水薤菜，有機會尋訪美景之際可以一併試試。

　　雙峻頭水源地有兩個水源，一個是四號泉，需事先行文至自來水公司申請才能參訪，另一個是三號泉開放讓民眾取水，就在水源街二段的淡江農場入口對面。有空，一起來體驗淡水的淡水吧！

📍大致路線 〰〰〰〰

捷運淡水站～庄子內溪口～鄞山寺～學府路～產業道路～水圳道1～水圳道2～梯田區～雙峻頭水源地～水源街～輕軌淡江大學站

園區內樹型優美的百年大樟樹　攝影：曲惠蓮

1.庄子內溪口旁水上人家遺址　攝影：無患子
2.鄞山寺前有蛤蟆穴風水池　攝影：無患子
3.鄞山寺供奉汀州定光古佛　攝影：無患子
4.沿途巧遇盛開的金銀花　攝影：無患子
5.順著水圳道由下游上溯水源　攝影：卓美月
6.各條水圳道水生植物豐富　攝影：無患子
7.水圳道旁水田有茂盛的木賊　攝影：無患子
8.水源地周邊的特有水甕菜　攝影：無患子
9.園區留著舊時郵筒式水龍頭　攝影：曲惠蓮
10.三號泉平時皆對外開放取水　攝影：無患子
11.門柱上標著淡水街水源地　攝影：無患子
12.水源地由四週保安林環繞　攝影：曲惠蓮
13.首批使用的鑄鐵管陳列園區　攝影：林玉莉

巴拉卡上的生態小劇場

　　淡水北新莊往陽明山的巴拉卡公路，沿途生態豐富也易觀察，人面蜘蛛結網勤奮、蜈蚣也經常溜出來見客。潮溼山壁上的水鴨腳秋海棠，粉紅色的花朵從立夏一路開到小暑，橘條紋的彩帶蜂飛快穿梭，曲著腰採著花粉。黃斑蔭蝶的保護色與落葉完美融合，前翅後翅連成一氣的小圈圈，是大自然神奇的印記。

　　路邊的綠葉是欣賞昆蟲的最佳舞台，身材修長的禾蛛綠椿象、在姑婆芋上一直打滑的象鼻蟲、綠到發亮的瘤喉蝗、正在享受日光浴的弄蝶，只要有點耐心應該都不難發現，沒帶相機也無所謂，用「心」觀察最有趣，只要打開自然之眼，連黑到發亮的臺灣熊蟬都在樹幹上等著你去發現。

勤奮織網的人面蜘蛛
攝影：無患子

綠到發亮的瘤喉蝗
攝影：無患子

路線2
十八份拐水道行

　　在北投惇敘工商後山與陽明山之間，有一塊以山櫻花聞名的小祕境，就是十八份拐圳步道區。它位於十八份圳支線與十八拐圳之間，是一條親水的水漾環狀步道。因爲離步道入口不遠處，有一片美麗的山櫻花林，近年成爲新興的健行打卡景點。十八份地區的兩條水圳名字很像，一條是十八份圳年代稍久地勢較高，另一條地勢較低稱爲十八拐圳，十八份圳的一條支流最後會匯入十八拐圳。

　　在一次偶然的活動機會下來到十八份，步道整體環境由外而內漸入佳境，多層次的林相加上充沛的水氣，是蕨類生長的絕佳場域。走著走著就會被美麗的楓香與各式蕨類所吸引，步道底有座居高臨下的楓香平台可供休憩，不知不覺就喜歡上了這條立體的水漾步道。面對環狀步道入口，可以右進左出，先走十八拐圳步道近觀紗帽山；也可以左進右出，從東昇步道先遠眺觀音山，風景各有巧妙任君選擇。

步道入口就有一株美麗楓香樹
手繪：山櫻

　　右側十八拐圳步道位於半山腰，水氣豐沛、植物相豐富，在左彎右拐的路徑上有老相思、老楓香爲伴，而在向陽的內凹轉彎處，則有挺拔的筆筒樹相迎，喜歡觀察蕨類的朋友應該會愛上這。左側東昇步道地勢較高、視野開闊，沿途下行時整個北投風光盡收眼底，從關渡平原、基隆河、淡水河、社子

島、觀音山到林口臺地，以粉紅櫻花為襯底，就是一幅美不勝收的自然畫作。

　　沿著水圳，有葉形較大的筆筒樹、臺灣桫欏、觀音座蓮，也有小巧可愛的伏石蕨、三叉葉星蕨、細柄雙蓋蕨、傅氏鳳尾蕨，還有長相特別的半邊羽裂鳳尾蕨，其實不知道這些蕨類的名字也沒關係，覺得可愛就拍個照，願意的話回家上網查一查就可以，不用有壓力。從北投捷運站搭小25、230公車至龍鳳谷站下車，往斜對面岔路上行15分鐘即可到達步道入口。

遠眺關渡平原與林口臺地
攝影：曲惠蓮

📍 大致路線 〰〰〰〰〰

捷運北投站1號出口～小25、230公車～龍鳳谷站～十八份拐圳入口～第一平台～第二平台～楓香平台～頂湖福德宮～東昇步道～龍鳳谷站～小25、230公車～捷運北投站

左右步道最後會合為環狀線
攝影：曲惠蓮

1.光看圳道的流水就很療癒　攝影：無患子
2.開闊向陽的山坳有筆筒樹　攝影：曲惠蓮
3.步道愈往裡走生態環境愈優　攝影：曲惠蓮
4.楓香平台旁有茭白筍梯田　攝影：曲惠蓮
5.水圳道底上行接東昇步道　攝影：曲惠蓮
6.東昇步道可欣賞北投風光　攝影：曲惠蓮
7.沿途都是自然觀察的好素材　攝影：山櫻

1.傅氏鳳尾蕨外型優雅　攝影：無患子
2.芒萁的二叉分枝非常好認　攝影：無患子
3.三叉葉星蕨喜歡臨水生長　攝影：無患子
4.橢圓線蕨小時候很可愛　攝影：無患子
5.眼睛會變色的白斑艾普蛛　攝影：無患子
6.線絨毒蛾幼蟲爬行模樣可愛　攝影：無患子

春夏之間的生命萌發

在經過清明時節的梅雨滋潤後，時序進入春天最後一個節氣穀雨，日照與氣溫皆逐漸提升，樹木慢慢褪去花朵的裝飾，漸次結出幼嫩的果實。樟樹結出小綠果、黑板樹掛滿綠麵條，相思樹的花苞好像小釋迦，鮮黃的小黃花球穿插著早熟的相思豆莢。而在初春開出香花的柚子樹，也結出小燈籠般的可愛迷你柚。

黑板樹果實有如綠麵線
攝影：無患子

尋到伴侶的鳥兒開始築巢，準備下蛋育雛，春燕會到池邊啣泥、斑鳩在樹下尋枝，騎樓的燕窩、樹叢間的鳥巢，都可見到親鳥認真孵蛋的身影，記得別去打擾。再過兩週就是立夏，昆蟲世界將進入生長旺季，蝴蝶會啟動夏天模式。河岸邊會有幼魚群聚，水池邊蛙類群唱，尤其號稱「狗蛙」的貢德氏赤蛙，牠們專屬的狗吠聲讓人想不注意也難。

觀察生命的萌發不用捨近求遠，住家附近的小公園、校園裡、水池邊與不起眼的步道上，白天尋鳥叫、晚上聽蛙鳴，都是絕佳好舞台。

路線3
坪頂古圳涼健行

　　在七星農田水利會管轄的水圳中，坪頂古圳系統有完整的環狀步道銜接，是最有人氣、交通也最方便的水圳步道。一年四季皆有不同風貌，冬季水氣充足蕨類多，盛夏林間聽蟬追蜻蜓，春、秋兩季涼爽適合踏青。水圳系統包含113歲的登峰圳、173歲的坪頂新圳和188歲的坪頂古圳，主要取水點皆源自內雙溪上游，而坪頂地區位處大屯火山地層東緣，集水區屬安山岩地質，水圳水質優良、水量穩定，至今仍持續灌溉坪頂地區約六十公頃農地，造福平等里的居民與農作。

小15終點站坪頂古圳步道口
攝影：無患子

　　從捷運劍潭站坐小18公車，只要神奇的30分鐘加上15元的公車票，就可以到達坪頂古圳步道口，拜訪超療癒的三條水圳。從至善路三段小18公車終點站起登，經福德祠、田尾仔橋上行至叉路，取右往萬溪產業道路方向，自登峰圳頂山端往內雙溪取水口，循水圳遇花崗石步道右轉上行，可續接坪頂新圳往上游探訪，兩段越溪後可接坪頂古圳，到達清風亭後轉大崎頭步道下山，即可完成環狀線。環狀步道算平民路線，有坡度但非常涼爽，但還是帶著登山杖比較安全好走。

　　坪頂古圳四季皆好走，而對自然觀察有興趣的朋友，會建議你在春天的驚蟄與春分之間，來這體驗山林之間土地萬物的甦醒。春天的古圳步道驚奇不斷，桃仔腳橋上鋪著一層土馬騌，成群的紅色細長蒴柄酷似小森林。平常偶遇的穿山甲洞可能一次就會遇上7、8個，在越溪後的竹林中，也會發現數量可觀的七葉一枝花。沿途各式爭豔的野

花爭相萌發，有黃鵪菜、兔兒草、酢漿草、苦蕒菜、紫背草，連華八仙也會開始全力綻放，你會發現從植物、動物、昆蟲到水圳，都因春天的來臨而興奮不已。

三條水圳步道加上多條越溪祕境，坪頂古圳步道群走法多樣，有不少的排列組合，大家可依時間選擇適合的路線。建議至少要循著其中一條水圳，前往內雙溪端的取水源頭，就能感受200多年前先民與自然和平共存的用水智慧。

桃仔腳橋旁林相優美秀麗　攝影：毛毛蟲

📍大致路線 ～～～～～～～

捷運劍潭站～小15公車～坪頂古圳步道口站～溪和宮～福德祠～坪頂古圳步道入口～田尾仔橋～登峰圳頂山端～登峰圳取水口～坪頂新圳步道～坪頂新圳取水口～坪頂古圳步道～清風亭～大崎頭步道～梯田區～溪和宮～小15公車

步道沿途清涼四季皆宜　攝影：無患子

1.不時會遇到穿山甲打的洞　攝影：無患子
2.登峰圳一開始就平緩好走　攝影：無患子
3.登峰圳會接上內雙溪取水口　攝影：無患子
4.取水口河床是休息的好地點　攝影：無患子
5.遇石階梯後可接上坪頂新圳　攝影：無患子
6.沿水圳上行可接取水口　攝影：無患子
7.竹林裡有多株七葉一枝花　攝影：無患子
8.坪頂古圳前段有明隧道保護　攝影：無患子
9.坪頂古圳頂有美麗風景　攝影：無患子

1.古圳溪水仍持續灌溉坪頂里　攝影：無患子
2.步道最高點為清風亭休息點　攝影：卓美月
3.大崎頭步道後段有層層梯田　攝影：無患子
4.土馬騌的蒴柄酷似小森林　攝影：無患子

腰力超好的過山刀

　　在一個九月的晴朗中午，當時正走在清涼的水圳道旁，剛拍完三株高大的筆筒樹，一回頭猛然瞥見一條長長的身影，原來是美麗的過山刀正挺直腰桿，準備爬上水圳上方邊坡。

　　過山刀屬於大型蛇類，身長較一般蛇類為長可達2米以上，背部有明顯背脊似鋒利刀刃，故以此為名。面對如此高的水圳頂，原本以為牠會徒勞無功，沒想到輕輕鬆鬆就完成任務。

　　其實蛇類比我們怕牠還怕我們，上了圳頂即刻沒入草叢。以往都是遠觀，第一次這麼近的觀察，驚嘆於身形的美麗與構造的精巧，也期盼牠在自然環境中可以繼續自在的生活。

腰力超好的過山刀

巧遇過山刀的影像
攝影：無患子

修長無毒溫馴的過山刀　攝影：無患子

路線4
殷勤步道殷勤走

臺北盆地昔日的灌溉渠道星羅棋布，基本上以基隆河為界，以南的水圳編入瑠公農田水利會，以北則納入七星農田水利會管轄。其中以士林區平等里的水圳最為密集，包含坪頂古圳、半嶺古圳、溪山古圳和金合興古圳……等。而沿著金合興圳沿線的步道就是狗殷勤步道，因為水圳繞過尾崙山，所以也稱為尾崙水圳步道。從永公路40巷的入口出發，沿著水圳一路到菁礐溪公平橋端取水口，距離大約3K左

一進步道就是清涼綠蔭　攝影：曲惠蓮

右，距離適中是近年相當有知名度的優質步道。

金合興圳修築於道光年間取水自菁礐溪，供應現今平等里與公館里的民生與農業用水。因取水口附近的山勢像狗昏睡時的蜷曲模樣，所以文字記錄就取「狗昏睡」的閩南發音，以「狗殷勤」紀錄之，才有今日這個響亮名稱。此段狗殷勤步道一路緩坡，沿途都有菁礐溪淙淙水聲相伴，愈往後段水圳風光愈加宜人，取水口的溪床平緩、親水性佳，令人流連忘返。公平橋前還有座石棚土地公，百年來守護著往來行旅，讓步道走起來特有安全感。

可以安排盛夏拜訪狗殷勤步道，陽光充足展望清晰，臺北盆地、林口台地盡收眼底。此時節氣剛過夏至接近小暑，正是蜻蜓出沒的旺季，步道沿線會有金黃蜻蜓、中華珈蟌、白痣珈蟌和短腹幽蟌一路相伴，會讓人充滿夏季活力。可以在捷運劍潭站搭乘紅5、260公車，在福音站下車轉永公路，在40巷右轉到底左轉直行，順著水圳約3k可至公平橋取水口。如果不想走後段急上坡到平菁路，到公平橋涼亭後即可原路折返回紅5公車站。

七星系統中許多水圳都維持得不錯，坪頂古圳步道可造訪三條水圳，加上路線起伏立體、步道組合方式豐富而成名最早；十八份拐圳環狀步道雖然長度不長，但兩側風景各具特色，加上入口有美麗櫻花林而人氣頗盛；而狗殷勤步道坡度平緩屬於往返型路線，加上名字實在特別，也吸引不少忠實粉絲，三條水圳步道都非常推薦，可列入常態拜訪名單喔！

大致路線 〜〜〜〜〜

捷運劍潭站1號出口～紅5公車～福音站～永公路40巷步道口～洗衣池～關聖帝君廟～公平橋～涼亭～金合興圳取水口～原路回程～福音站～紅5公車～捷運劍潭站

令人愉悅的優質水圳步道　攝影：翁茂昇

1.於仰德大道福音公車站下車　攝影：無患子
2.於永公路40巷巷口右轉直行　攝影：無患子
3.步道前段就有一個洗衣池　攝影：無患子
4.筆筒樹新葉有美麗紋路　攝影：無患子
5.洗衣池旁適合展望　攝影：無患子
6.沿途都有淙淙流水聲相伴　攝影：王明瑛
7.中段階梯上行廟內有洗手間　攝影：無患子
8.中途有倒木裁製的圓木椅　攝影：無患子
9.水質澈沁清涼賞心悅目　攝影：無患子

[5]

[6]

1.步道後段有翠綠的竹林　攝影：無患子
2.建於民國16年的公平橋　攝影：無患子
3.公平橋旁就是水圳取水口　攝影：無患子
4.取水口溪岸是優質休息點　攝影：無患子
5.取水口邊有涼亭可以休息　攝影：無患子
6.小白鷺也會來此覓食　攝影：無患子

中華珈螺-雄

中華珈螺影片－雄-狗殷勤步道

白痣珈螺-雌

白痣珈螺影片－雌-狗殷勤步道

短腹幽螺-雄

短腹幽螺影片－雄-狗殷勤步道

榕樹身上美麗的圖案～

　　辦公室旁的國小有一排榕樹，旺盛的生命力雖然對學校的圍牆、人行道造成一些困擾，但樹身的美麗紋路實在非常吸引人，讓我經常駐足欣賞。

　　一直覺得榕樹是很神奇的植物，懸垂的氣生根可以幫助呼吸、吸收水分。原本各自獨立的小鬚根會慢慢自然纏繞，最後會形成粗壯的支持根，甚至融入原本的主幹之中，形成3D立體的美麗紋路。

　　透過多年的觀察，不知不覺參與了小鬚根融合成強韌木索的過程，一條條充滿肌肉感的支持根，既像斜張橋上拉著橋面的鋼索，也像撐起橋身的橋墩，只能說大自然真的非常奇妙。

榕樹樹幹有各式交錯紋路　攝影：無患子

路線5
平溪賞瀑桐花雨

　　平溪線鐵路沿線各站以瀑布聞名，除了名氣最大的十分瀑布，就數望古站的望古瀑布、嶺腳站的嶺腳瀑布，因為離車站近而最容易親近。兩個瀑布之間有條1.5K的嶺腳寮山步道串連，是除了坐火車之外的另一個好選擇。從瑞芳火車站轉平溪線，在望古車站下車沿著鐵路旁小徑，順著指標走賞瀑步道下行木棧道，大約二十五分鐘可到達水氣豐沛、綠意環繞的望古瀑布，在此可多做停留吸收水漾芬多精，同時感受瀑布在陽光照射下精緻的光影變化。

　　接著回頭上行走嶺腳寮步道越過嶺腳寮山，步道沿途皆為自然山徑，腳下樹根錯綜盤繞，還有網狀繩梯穿越小溪，非常有森林小探險的樂趣。大約一小時可越嶺到達嶺腳聚落，可以先去蔡家洋樓繞繞，再到嶺腳車站休憩平台稍事休息，沿著鐵路旁道路走個10分鐘，在轟隆隆的水聲引導下，即可到達水量豐沛的嶺腳瀑布。瀑布本體位於基隆河道的岩體上，水瀑既豐且厚，與望古瀑布的輕巧明顯不同。

望古車站小巧迷人風景秀麗
攝影：無患子

　　下一段旅程可以從嶺腳出發沿著河邊保甲路直行，大約20分鐘就可到達人氣超旺的平溪車站與平溪老街。基隆河行至平溪河段，因河道平緩故以平溪為名，加上水質清澈，可見河底石層，故舊名以石底稱之。此段河道常有水鳥棲息，翠鳥、磯鶇、鉛色水鶇穿梭其間，身邊帶著望遠鏡應該會更有樂趣。老街後方山丘有歷史建築群，八仙

洞、平安鐘亭都值得一遊，最後可從平
溪區公所對面橋邊階梯下行三坑溪畔，
靜靜欣賞苦花翻身覓食放閃之美。

三坑溪畔可欣賞苦花覓食
攝影：無患子

　　滿山桐花號稱五月雪，也是望古與
嶺腳山間的著名美景。最佳賞花期是四
月底五月初，尤其是尚未被雨淋濕的新
鮮初雪，朵朵桐花鋪在原始的山徑步道
上，真是絕美的風景。山上常見的桐花
是千年桐，大部分是雌雄異株，也就是
雄花開在雄株上，雌花開在雌株上。雄
花的花柄細會整朵落下，雌花的則是花
瓣片片落下，留下子房發育成果實。所
以觀察腳邊落花，就會知道上方油桐是雄或是雌。

　　造訪瀑布除了欣賞瀑布動態之美，周邊的環境與生態更是精彩絕
倫，尤其植物因水氣充足生長良好，造就出多樣化棲地，吸引了更多
的生物進駐。放慢腳步環視一圈，花、草、樹木以及鳥、魚、昆蟲，
都是美麗的焦點。非常推薦這個結合鐵道、瀑布、桐花與老街的行
程，一次滿足自然、人文與健康三個願望。到平溪、望古、嶺腳可以
自行開車，也有公車可搭，但建議還是搭乘平溪線火車前往體驗最對
味。

📍 大致路線 〜〜〜〜〜〜

臺北火車站～瑞芳車站～望古車站～望古瀑布～桐花步道～嶺腳寮
山～蔡家洋樓～嶺腳站～嶺腳瀑布～保甲路～平溪車站～平溪老街～
八仙洞～平安鐘亭～觀音情人橋～三坑溪～平溪車站～臺北火車站

1.賞瀑步道入口就在鐵道旁　攝影：無患子
2.瀑布周邊水氣豐沛綠意環繞　攝影：無患子
3.望古瀑布水量輕巧適中　攝影：無患子
4.嶺腳寮山步道有網狀繩梯橫越小溪　攝影：無患子

1 2 3 4

1.五月桐花鋪滿沿途步道　攝影：無患子
2.特別推薦桐花季前來拜訪　攝影：無患子
3.嶺腳寮山頂有休憩長椅　攝影：無患子
4.蔡家洋樓見證嶺腳煤業興衰　攝影：無患子
5.嶺腳車站月台呈現美麗弧線　攝影：無患子
6.沿保甲路直行可至平溪車站　攝影：無患子
7.春天時田間保甲路花草盛開　攝影：無患子
8.舊橋下方為基隆河道最窄處　攝影：無患子
9.嶺腳瀑布沉穩水瀑既豐且厚　攝影：無患子

1.河道平緩清澈可見溪底　攝影：無患子
2.鐵路橋橫越平溪老街上方　攝影：無患子
3.老街後方山丘的平安鐘亭　攝影：無患子
4.位於半山腰迷人的平溪車站　攝影：無患子
5.平溪河道常見翠鳥身影　攝影：無患子

夜鷺的覓食之路

　　夜鷺是生活環境中常見的鳥種，雖然因為紅眼睛像熬夜沒睡覺，而被稱為暗光鳥，其實白天也蠻容易見到牠們的。由於夜鷺的脖子粗壯與身體合而為一，曾在南崁溪被民眾誤認為企鵝，成為大家口耳相傳的「南崁企鵝」。

　　雖然平常在網路上，常常可以看到牠們大口吞魚的影片，不過這次在平溪記錄到夜鷺戰戰兢兢、辛苦涉水的覓食情境。除了驚嘆夜鷺的腳爪有力、意志堅定，更感受到原來在鳥界討生活，也是要歷經千辛萬苦的。

夜鷺涉水覓食-平溪

夜鷺涉水覓食
影片－平溪

夜鷺辛苦涉水覓食　攝影：無患子

三峽熊空訪雲森

熟悉的三峽是優質水源
地，更是著名的瀑布之鄉。
三峽河上游有多層次的頁岩
斷層，在豐沛雨量加持下，
於蚋仔溪、中坑溪與熊空溪
之間，創造出令人驚嘆的滿
月圓等瀑布群。其中雲森瀑
布群位於中坑溪，從下游起
算有姐妹瀑布、雲心瀑布、

瀑布前有錯落的青楓點綴　攝影：無患子

森山瀑布、藝音瀑布、雲森祕境與阿花瀑布，美感各有不同，卻是一
樣的驚艷。雲心瀑布與森山瀑布合稱雲森瀑布，不過因為雲心瀑布規
模最大、最美，大部分的山友都直接稱雲心瀑布為雲森瀑布。

前往雲森瀑布的天然步道非常優質，從入口進入大約六十分鐘
即可到達，前段呈現郊山林相平緩好走，到了後段柳杉林立、綠意盎
然、老樹盤根，還有小橋穿越溪流，有一種彷彿到了溪頭的錯覺。而
且沿途水流聲、瀑布聲不絕於耳，讓我們身心都被療愈、安撫了！雲
森瀑布群步道自然舒適、水氣適中，屬於涼爽型步道，走起來令人心
曠神怡。行過雲森瀑布續往前行可到達雲森祕境，雖然步道難度增
加，但一大片斜向的岩石水道，讓水道水線立體多變，美麗的景色值
得挑戰。

如果在秋末初冬的季節拜訪雲森瀑布，瀑布前會有一片轉紅的青
楓點綴，搭配多層次的階梯狀水瀑，會讓場景非常迷人。而秋冬交接
之際，也是梭德氏赤蛙的求偶季節，原本居住在周邊林下的蛙兒，會
全部往溪邊移動，尤其是雲森瀑布下方的淺灘，數量之多令人驚嘆，

幾乎每塊露出淺灘的石頭上，都有梭德氏雄蛙的身影，會焦急的尋找僅有十分之一的配對機會，屆時記得小心腳下，免得一不留神踩到牠們。

想要拜訪雲森瀑布，大部分人是開車前往，將車停在瀑布步道入口旁的停車場，直接步行到雲森瀑布。不過考慮產業道路狹窄會車不易，建議可於三峽老街搭乘807公車，大約40分鐘可到達熊空站。先感受一下車站後方熊空溪的澎拜水勢，然後左行經過鱘龍魚養殖場後，循連棟民宅旁的祕境林道上行，約30分鐘可至步道起登口，回程時再順著中坑溪旁產業道路下行回到熊空車站。

雲森瀑布的規模雖然不是最大，但適當的水量讓瀑布呈現完美的高寬比，步道沿途九芎樹型優美、山蘇錯落有致、樓梯草層層相連，營造出的綠意非常有質感，推薦大家撥空前去體驗，這會是一趟滿滿能量的負離子森林浴之旅。

樂谷橋下清澈的蚋仔溪　攝影：無患子

📍 **大致路線** ～～～～～～～

捷運頂埔站～706、705公車～三峽老街站～步行至民生街搭807公車～熊空站下車～祕境步道～雲森瀑布步道口～雲森瀑布～戲水平台～雲森祕境～折返回步道口～中坑溪旁產業道路～熊空車站～807公車～三峽～706、705公車～捷運頂埔站

1.搭乘807公車於熊空站下車　攝影：無患子
2.車站後方熊空溪水勢澎湃　攝影：無患子
3.從民宅旁祕境上行至步道口　攝影：無患子
4.步道入口處有雲森瀑布指標　攝影：無患子
5.步道前段平緩為淺山林相　攝影：無患子
6.沿途常見樹根盤根錯節　攝影：無患子
7.山徑優雅山蘇層層疊疊　攝影：任怡玲

1.溪流水聲一路相伴非常清涼　攝影：無患子
2.接近瀑布水氣漸豐綠意漸濃　攝影：無患子
3.坐在瀑布前享受芬多精　攝影：無患子
4.階梯狀的雲森瀑布層次多樣　攝影：無患子
5.瀑布下方淺灘是青蛙樂園　攝影：無患子
6.體型嬌小可愛的梭德氏赤蛙　攝影：翁茂昇
7.回程時道路旁的中坑溪景　攝影：無患子
8.雲森祕境有斜向岩體　攝影：無患子

深坑老街炮子崙

　　介紹一個輕鬆的吃貨行程，是標準的以健行之名行吃豆腐之實，就是到深坑造訪新景點炮子崙瀑布。這個景點其實不算新，就在往茶山古道的路上，早年算是登山客的祕境，但經過熱心山友整理之後，目前已經可以輕鬆到達。

　　臺北的朋友可以從木柵捷運站的木柵路，搭乘666或660公車，約十分鐘可達深坑站，下車後右轉中正路直行至文山路，走正洋加油站右邊的阿柔洋產業道路，續行約25分鐘可到達炮子崙瀑布入口，接著上行十五分鐘即可抵達炮子崙瀑布。

　　走進步道立馬從酷熱變清涼，即使近期雨量稀少但依舊綠意盎然，兩邊的林木都住了兩三層的山蘇。一路上坡度適中、階梯適量，輕鬆可達瀑布，只可惜瀑布水量有如涓絲，待秋冬雨水較豐沛之時再來造訪，必當更加精彩。

炮子崙瀑布環境佳好親近
攝影：無患子

水漾步道三貂嶺

　　基隆河行至三貂嶺，河道轉了一個九十度大灣，優美的河道曲線創造出三貂嶺的專屬地景，從對岸遠望平溪線鐵道橋，整個景象猶如一幅凝結的自然畫作。而瑞芳山區雨量豐沛、溪流密布，更讓基隆河與其多條支流在三貂嶺周邊串出一片水網。就在這片水網之中散布著多條越嶺古道，如果將其中的三貂嶺步道、中坑古道、柴寮古道和基隆河右岸的魚寮路串連起來，可形成一個大環狀水步道，是可散步一整天的綠色森林水漾路線。

從對岸遙望平溪線鐵道橋　攝影：無患子

　　推薦的方式是搭火車至三貂嶺站，先拜訪一下這個全國唯一沒有馬路到達的車站，再沿著鐵軌旁小路到碩仁國小，開始起登高人氣的三貂嶺步道，連走合谷瀑布、摩天瀑布與琵琶洞瀑布。如果前幾天有下過陣雨，水量就會到達甜蜜點讓瀑布下方水霧迷濛，還會讓河床壺穴地形呈現出有層次的流動感。步道沿途會遇上幾個穿山甲打的洞穴，筆筒樹會在溪邊開闊向陽處和你打招呼，還有兩座繩結吊橋帶著我們橫越小溪，水灘裡則是悠游的苦花、臺灣馬口魚與臺灣石鰾。

　　行至頂層瀑布爬上幾乎垂直的原木繩梯後，就可以開始體驗三段步道中最水的中坑古道，沿途多為未經雕琢的臨溪林間小徑，天然而舒適。河道中大小石頭皆鋪著水綠苔蘚，宛如天然的地毯，步道與水道時而交錯、時而並行，兩側的林相立體，樹幹上常見數層山蘇著生，層層疊疊綠意盎然，綠意、流水、鳥鳴合為一體，無比療癒。中坑古道後段會接上柴寮古道，續往下行就是猴硐的舊礦工宿舍、瑞三

本坑與礦工紀念館，都非常值得
參訪。

　　這條大環狀線真的很水，建
議大家要穿加鞋墊的升級版雨鞋
來走，才能放心體驗越溪水路、
溪床石路的水水美感。大環狀線
建議預留一整天來體驗，如果只
有半天時間，則走三貂嶺瀑布群
的往返路線即可，距離適中，適
合全家大小共遊。

📍 **大致路線** ～～～～～～

臺北火車站～三貂嶺車站～碩仁
國小～三貂嶺步道～合谷瀑布～
摩天瀑布～琵琶洞瀑布～中坑古
道～柴寮古道～猴硐舊礦工宿
舍～礦工紀念館～瑞三本坑～猴
硐車站～臺北火車站

柴寮古道口就是舊礦工宿舍
攝影：無患子

沿著鐵路小路前往碩仁國小
攝影：無患子

1.基隆河在三貂嶺轉了一個彎　攝影：無患子
2.步道初段爲連續階梯　攝影：無患子
3.步道前段大部分皆平緩好走　攝影：無患子
4.三貂嶺車站僅人行步道相通　攝影：無患子

1.合谷瀑布水量大、有層次　攝影：無患子
2.穿越繩結吊橋頗有樂趣　攝影：曲惠蓮
3.步道沿途常有水線相鄰　攝影：無患子
4.摩天瀑布水勢較爲集中　攝影：無患子
5.頂層爲有水灘的琵琶洞瀑布　攝影：無患子
6.沿垂直木梯上行至瀑布上游　攝影：無患子
7.沿途河道常見壺穴地形　攝影：無患子
8.琵琶洞瀑布上方的美麗水潭　攝影：無患子
9.中坑古道有多處涉溪路段　攝影：無患子
10.步道水道時而交錯時而並行　攝影：無患子

1.水漾中坑古道非常吸引人　攝影：無患子
2.河道石頭皆鋪著苔蘚地毯　攝影：曲惠蓮

猴崁步道滾水頭

竹子湖地區年雨量高達4500mm，內凹的谷地經常雲霧繚繞，加上位處安山岩風化地質區，蓄水能力佳常見湧泉冒出，從日治時期就成為草山水道系統的第一水源，因湧泉豐沛有如滾水被臺北市尹田端幸三郎命名為「滾水頭」。

草山水道系統水源滾水頭
攝影：無患子

為拜訪持續運作中的滾水頭祕境，自竹子湖派出所景觀台出發，經過蓬萊米原種田故事館後，左轉下切猴崁湖田國小步道，通過滿是青苔的古老階梯，跨過陽明溪質樸小橋再通過昔日草山行館外崗哨，右行出步道後可接上竹子湖路。

跨過竹子湖路續往前行到底再右轉，走過一段隱密小徑後柳暗花明，小徑轉為寬闊好走的導水渠道步道，通過百年楓香四叉路後就是藏身在蔥鬱密林間的滾水頭水源地，望著斑駁的題字，衷心佩服前人尋找水源的用心執著。

後續原路折返至竹子湖路再下行玉瀧谷，到達草山水道系統第一接續井，再從青春嶺步道沿著佐野藤次郎工學博士規劃的水道路線，通過水管橋後到陽明公園服務中心站搭公車下山，完成這次美妙的水源探訪之旅。

可自捷運北投站搭小9公車、捷運石牌站搭小8公車，在竹子湖派出所站下車，結束時在陽明公園服務中心站搭同路線公車下山，非常方便。

加九寮溪水世界

加九寮位於新店往烏來的新烏路上，是進入烏來泰雅族原住民場域的第一站，四周青山碧綠、黃藤密布有大山之勢。其中最著名的地標，就是南勢溪紅河谷上鮮紅色的加九寮景觀大橋，於橋上遠觀群山河谷，有幾分日本長野上高地的味道。橋下礫石灘地有幾處淺灘，是當地人的天

新烏路至加九寮路右切紅河
攝影：無患子

然游泳池，無人戲水時是打水漂的好地方。過橋續往前行約十分鐘，穿過結實纍纍的蓮霧樹後，即可到達紅河谷熊空越嶺古道入口，而古道旁就是美麗的加九寮溪。

加九寮溪在溯溪界赫赫有名，古道前段沿著溪谷開闢，有數條小徑可下切溪床戲水，親水性極佳。在到達小土地公廟前，除了一小段上坡路，其餘皆屬平緩腰繞路線，如果繼續上行至越嶺高點，則可接上三峽的熊空步道。土地公廟休憩平台旁，有條小徑可下切溪谷，通過陡峭的林道後，傳說中的天然滑水道就會現身。有一段是較緩的岩石坡面，另一段則是水花奔流的岩縫水道，雖被封為祕境滑水道，但建議還是單純欣賞最為妥當。

每個人的心中都有親水的童心，而加九寮溪旁的紅河谷步道，就是非常棒的親水散步路線。整條步道水氣充足綠意盎然，植物相非常多樣，一到春夏季節沿途蝴蝶飛舞，溪谷周邊還有許多短腹幽蟌前來產卵，非常熱鬧。只須體驗前段的五百公尺，就有來到水漾世界的放鬆感。步道各條下切路徑難易不一，建議入口處環河二號橋旁以及步

道0.5K的上坡木棧道前,這兩處是較適合大家下切河道戲水的場域。

加九寮溪溪水流量穩定適中、水質乾淨清涼,下次要前往烏來老街前,可以先到紅河谷加九寮溪體驗一下戲水之趣。特別注意,陰雨天勿下水,並穿著防滑膠鞋以策安全喔!

人人都有顆親水的童心　攝影:無患子

📍大致路線 〜〜〜〜〜〜

捷運新店站出口〜849公車〜成功站下車〜紅河谷大橋〜紅河谷步道口〜紅河谷步道0.5K〜下切河谷小徑〜加九寮溪溪水區1〜折返〜步道入口環河二號橋旁〜下切河谷小徑〜加九寮溪戲水區2〜紅河谷〜成功站〜捷運新店站

加九寮路直行可至紅河谷　攝影:無患子

1.加九寮地標紅河谷景觀大橋　攝影：無患子
2.橋下淺灘有如天然游泳池　攝影：無患子
3.紅河谷周邊有著赭紅色岩石　攝影：無患子
4.往加九寮溪沿路的蓮霧落果　攝影：王明瑛
5.加九寮溪水道清新活潑討喜　攝影：無患子
6.紅河谷步道在環河二號橋旁　攝影：曲惠蓮
7.步道前段緊鄰加九寮溪　攝影：無患子

1.可於步道0.5K處下切河道　攝影：無患子
2.步道0.5k處淺灘適合戲水　攝影：無患子
3.加九寮溪是熱門的溯溪地點　攝影：無患子
4.許多短腹幽蟌來到溪邊產卵　攝影：任怡玲
5.環河二號橋旁有可戲水淺灘　攝影：無患子
6.沿階梯上行可至步道中段　攝影：無患子
7.步道中段爲腰繞平緩林道　攝影：無患子
8.小土地公廟旁可下切河道　攝影：無患子
9.傳說中的平緩滑水道　攝影：無患子

外按古道烏塗溪

　　石碇的南邊屬於北勢溪流域，也就是翡翠水庫集水區，著名的千島湖就在這個區域。而石碇的北邊則屬於景美溪流域，上游的烏塗溪與崩山溪在石碇老街匯流成石碇溪，續行至雙溪口後與永定溪匯流成為景美溪，流向深坑。

　　外按古道為淡蘭古道南路的一段，因五號國道的開闢而重見天日與烏塗溪步道連成一線，成為淡蘭古道最容易親近的一段。外按古道起點為雙溪口淡蘭吊橋，紅色橋身在岩壁襯托下格外出色，而橋下的平流瀑布溫順卻很有風味。

　　沿著美麗的石碇溪上行，起伏不大舒順好走，外按古道中段是此行精華區，一路水聲相伴宛若置身綠光森林。進入石碇街區後建議下切臨溪步道，除了可以巧遇磯鶇、鉛色水鶇外，還能近距離欣賞一閃一閃的水中螢火蟲——苦花魚。

　　淡蘭古道南路又稱茶道，為昔日輸出茶葉的重要經濟動脈，雖然運輸功能被北宜公路取代，但沿途的山光水色卻依舊閃亮、令人驚嘆。

外按古道好走易親近
攝影：無患子

烏塗溪步道可近距離賞魚
攝影：無患子

022.04.06 島頭公園
:18~19:42

臺北市社子島
島頭公園
繪者：余惠櫻

六、水漾溼地好生態

　　臺北盆地原本就是一塊大溼地，有土、有水、有
生命，溼地離我們沒有想像的遠，走進捷運、搭上公
車，隨時可以體驗溼地的美好。

路線1
賞蟹八里挖仔尾

　　一般人對於八里的印象，就是它在淡水的對岸、有渡輪可以到、還有美味的雙胞胎，其實來到八里左岸，最不能錯過的是位於淡水河出海口最北端的挖子尾自然保留區。十一月初的深秋是適合造訪的時節，此時東北季風剛起未盛，天氣正是有陽光時不熱、沒陽光時不冷的時候，此時亦開始有冬候鳥到訪，記得選個剛退潮的時段過來；更可以一併欣賞到快樂覓食的招潮蟹。

　　從捷運關渡站轉紅13線公車，二十分就會到挖子尾自然保留區站，下公車後沿著步道走就可以看到滿滿的紅樹林。保留區裡的主角水筆仔，會在春天五月開花、夏天結出果實，在秋天長出像筆一樣的綠色胚軸，想要看成熟的綠紫色水筆仔，就要等冬末的2月了。順著步道前行就會到清治雍正年代就形成的挖子尾聚落，村子口的福德宮歷史悠久，是特別的廟中廟格局，廟旁就是保留區的入口平台。

退潮中露出灘地的挖仔尾　攝影：無患子

順著平台木棧道往前走，就可以到維修碼頭與漁船碼頭邊近距離欣賞溼地生物，灘地的生物各有各的勢力範圍，有小彈塗魚，網紋招潮蟹、清白招潮蟹、股窗蟹、萬歲大眼蟹、沙蟹、青蟳與燒酒螺。建議帶個望遠鏡，可以看得更多更遠，遠方的淺灘上可以看到小白鷺、大白鷺、蒼鷺、磯鷸踱步覓食，天空不時穿梭著黃鶺鴒、喜鵲、八哥與灰頭鷦鶯，運氣好的話還會遇上紅隼，還可以看到赤腹松鼠在紅樹林間追逐嬉戲。

　　左岸挖子尾和右岸的沙崙海邊一樣，為黃槿、林投與月桃的混合林，是天然的防風林，雖然看起來不起眼，卻是高度開發的淡水河岸邊難得一見的原始自然林。走到外圍的河濱灘地可以望見施工中的淡江大橋，沙灘上有蔓荊、茵陳蒿、馬鞍藤、濱刺麥等特有的海濱植物。最特別的是，挖子尾的沙灘也是東方環頸鴴的繁殖地，四月到七月是牠們的繁殖季節，大家就避免進入灘地，減少對牠們的干擾喔！

　　除了搭公車，從淡水坐渡輪到八里碼頭，再慢慢散步到挖子尾也是不錯的選擇，如果你想夏天來拜訪，會建議你一早或者下午四、五點是較適合的時間。

📍大致路線 〜〜〜〜〜〜

關渡捷運站〜轉公車（紅13、紅22）〜挖子尾保留區站〜保留區入口平台〜紅樹林〜漁船碼頭1〜漁船碼頭2〜外圍灘地〜觀海長堤沙灘〜挖子尾聚落〜公車〜關渡捷運站

旁邊就是興建中的淡江大橋　攝影：無患子

守護挖子尾最偉大的小小鳥

一般的鳥類是孵蛋保溫，但東方環頸鴴的鳥兒卻需要蹲法將自己體部的羽毛沾水弄濕來降低鳥蛋溫度，溫度用身體抵擋到日護蛋。遇到敵人會假裝受傷，轉移敵人注意力，避免敵人傷害巢蛋體鳥（擬傷行為），生命的感動在此刻，請珍惜守護這份感動。

您我可以做到的事：

1.繁殖季節4-7月請避免進入各灘地區域(包括挖子尾自然保留區海岸灘地沿線至台北港北堤沙灘)進行活動，因為您可能不小心會踩到鳥蛋或是干擾到鳥被驚嚇遁前逃、育雛。

2.發現鳥蛋或離鳥，別擔心！請儘速遠離，不要接近碰觸，親鳥很快就會回來照顧。

3.了解野生動物生態、支持自然保育工作、維護生物的多樣性！

4.向身邊守護您的人說聲：謝謝！我想您！！

新北市政府 製 New Taipei City Government
行政院農業委員會林務局 指導 Forestry Bureau, Council of Agriculture, Executive Yuan

1.紅樹林保留區入口棧道　攝影：無患子
2.秋末的水筆仔已長出胚軸　攝影：曲惠蓮
3.退潮的灘地可觀察許多生物　攝影：無患子
4.灘地探出頭的網紋招潮蟹　攝影：無患子
5.木棧道底右轉通往河岸灘地　攝影：無患子
6.東方環頸鴴會在挖仔尾育雛　攝影：無患子
7.保留區外圍滿滿水筆仔幼苗　攝影：無患子
8.晴空下的甜根子草別有風味　攝影：林玉莉

1.在挖仔尾退潮後的外灘散步　攝影：曲惠蓮
2.灘地上有活跳跳的燒酒螺　攝影：無患子
3.外灘可欣賞完整的觀音山景　攝影：無患子
4.黃槿、林投與月桃的混合林　攝影：無患子
5.挖仔尾沙灘滿滿的濱刺麥　攝影：無患子
6.沙灘上的蔓荊開著曼妙紫花　攝影：無患子
7.挖仔尾聚落始於清雍正年間　攝影：無患子
8.張氏古厝建於1885年　攝影：無患子
9.挖子尾聚落的土地公廟中廟　攝影：無患子

鰲鼓溼地候鳥賀新春

趁著年前的好天氣，再度來到鰲鼓溼地尋找候鳥的蹤跡，果然不負候鳥天堂的美名，到處都有鳥兒覓食或小憩，當然也有張開雙臂晾翅膀的。對於喜歡賞鳥的朋友來說，鰲鼓溼地的南堤千島湖，是最適合的區域，最佳的交通方式是開車再加自備單車，當然腳力夠的，步行可以有最低度的干擾。

一進入千島湖水域，就有許多小鷿鷈、白冠雞上下水面表演覓食秀，木麻黃樹林、水面枯枝上都有一群群的鸕鷀棲息，大小的島嶼上則是琵嘴鴨、尖尾鴨的天堂。水面上不時有一群群的高蹺鴴掠過，大、小白鷺、蒼鷺、夜鷺則是基本成員，遼闊的水域與成群的候鳥，讓人身處鰲鼓溼地時，會有一種在國外溼地公園的錯覺。

只需帶個望遠鏡，就可以在這待上大半天，入冬之後有到中南部走走的，可以繞進來看看。

鰲鼓溼地南堤的千島湖
攝影：無患子

鰲鼓溼地是冬候鳥們的天堂
攝影：無患子

路線2
關渡公園覓鳥蹤

　　位於臺北盆地西北邊的關渡平原，在緊鄰基隆河的岸邊有著一大片沼澤溼地，散布期間的大小埤塘一到冬季，就成為繁忙的水上國際機場，數千架次的冬候鳥在此起降與休息，光小水鴨就超過二千隻，這裡就是關渡自然公園。自然公園裡林木扶疏、生態豐富，海岸林區的白水木、銀葉樹、海檬果、水黃皮與大葉欖仁都濃縮在這裡，而數量最多的孟加拉榕更展現生長優勢，讓園區入口有如熱帶森林，森林步道南端的小涼亭，則是賞鳥的特等席。

　　通過入口區的小橋後就是一片埤塘，住著各式美麗的水生植物，夏季有荷花綻放、秋季則是印度莕菜盛開，還有一盆盆的田蔥與圓葉節節菜，雀榕的粉嫩新葉不時更新，美得像朵朵白花。園區外圍更有數個深淺不一、遠近交錯而功能各異的溼地埤塘，各有擁護的飛羽粉絲生活其中，有翠鳥、紅冠水雞、花嘴鴨、小水鴨、高蹺鴴、魚鷹與大冠鷲，加上濃綠樹冠層裡的紅嘴黑鵯、白頭翁、綠繡眼、金背鳩、綠鳩、珠頸斑鳩，園區儼然成為鳥類天堂。

　　園區的自然中心位於坡地的最高處，一樓為介紹溼地生態的常設展區，二樓有三架高倍數望遠鏡可欣賞起降的冬候鳥，成為賞鳥人士的最愛。自然中心與外圍埤塘之間有幾座隱密的賞鳥小屋，帶著簡單的雙筒望遠鏡，就可以低干擾地追逐鳥蹤，簡直就是賞鳥搖滾區。

關渡自然公園吉祥物高蹺鴴
攝影：無患子

六、水漾溼地好生態　307

近幾年園區冬季鳥況頗佳，小水鴨、花嘴鴨、尖尾鴨、綠頭鴨都是常客，不時還有少見的白面琵鷺來造訪。每年十二月關渡自然公園都有藝術季，一邊賞鳥還能涵養藝術氣息。

關渡自然公園於85年成立，近年來生態環境越來越佳，是個非常好的休閒與環境教育場域。不懂候鳥沒關係，這裡有很多熱情的志工，會回答你各式各樣的問題，記得帶著望遠鏡來走走，一定不負所望。

📍 大致路線 〰〰〰〰〰

捷運關渡站～大度路三段～關渡路～關渡自然公園～榕樹區～溼地淨化區～埤塘區～外埤塘區～月池～賞鳥小屋～自然中心1樓常設展～中心2樓賞鳥區～園區大門～捷運關渡站

十二月藝術季有裝置藝術　攝影：無患子

1.入口處有幾株美麗的白水木　攝影：無患子
2.肩負淨化功能的人工溼地　攝影：余惠櫻
3.園區正榕都有發達的支持根　攝影：無患子
4.孟加拉榕茂盛宛如熱帶森林　攝影：余惠櫻

1.穿越園區的貴子坑溪　攝影：無患子

2.步道末端涼亭是賞鳥特等席　攝影：無患子

3.外圍溼地平臺上的花嘴鴨　攝影：無患子

4.外圍溼地有白面琵鷺造訪　攝影：無患子

5.園區埤塘種植許多水生植物　攝影：無患子

6.印度杏菜開著美麗白花　攝影：無患子

7.自水面挺立的臺灣水龍　攝影：無患子

8.三白草於花期葉子會轉白　攝影：無患子

9.外圍木棧道也是賞鳥熱區　攝影：余惠櫻

1.園區外圍埤塘是冬候鳥樂園　攝影：無患子
2.園區內的月池可近距離賞鳥　攝影：無患子
3.園區常見翠鳥捕魚身影　攝影：無患子
4.體型大的蒼鷺是園區常客　攝影：無患子
5.金背鳩體型圓潤羽色斑斕　攝影：無患子
6.斑文鳥有著厚實的嘴喙　攝影：無患子
7.黃頭鷺在草地遊走覓食　攝影：無患子
8.園區水牛肩負除草的任務　攝影：無患子
9.自然中心有高倍數望遠鏡　攝影：余惠櫻

宜蘭壯圍斑頭雁初體驗

　　110年賞鳥界最大的消息，莫過於八隻斑頭雁造訪宜蘭，由於臺灣並不在牠的常態遷徙路線中，所以是以迷鳥身分出場。加上是首次現身臺灣，所以吸引全臺的鳥迷前來朝聖，也讓平常不會特別追鳥的我，安排了一次賞雁行。

　　因為斑頭雁邊食邊行的覓食習慣，讓牠們不會長時間待在同一地點，從礁溪、塭底一路到壯圍，在志工朋友的協助下，在週三早上順利在壯圍的田邊與這些雁兒稀客相遇，看著牠們低頭覓食的模樣，老實說還真是療癒。

　　斑頭雁夏季在亞洲中東部繁殖，入冬後會飛越喜馬拉雅山脈，遷徙至南亞、緬甸與中國華南一帶。牠有個特別的生理特質，紅血球與氧的結合能力特強，可以適應高空的低氧環境，讓牠可以選擇與眾不同的8000M高難度路線。

斑頭雁是難得一見的嬌客　　攝影：無患子

路線3
五股溼地賞燕趣

　　五股溼地位處臺北盆地的西北方，緊鄰關渡為大臺北地區地勢最低的區域，在規劃為二重疏洪道行水區後，一度成為傾倒廢土的三不管地帶。自民國85年起，臺北縣政府啟動二重疏洪道綠美化計畫，在環保團體與在地居民的請命下，將疏洪

五股溼地與微風運河　攝影：曲惠蓮

道北段規劃為生態公園，也因此留下了一大區的生態池與蘆葦叢。而這些溼地蘆葦叢經過多年的演進，竟無心插柳的成為燕群八月返回南方前的最佳補給站，臺北盆地周邊的家燕，加上部分的過境燕群，會在五股溼地集結並停留數日後轉往南飛，前往東南亞。

　　會在騎樓築巢的家燕是夏候鳥，春天三、四月自南方北上來到臺灣築巢育雛，八月分再返回南方。每年父親節前後，是家燕啟動南遷的季節，每天的黃昏時刻，來自各方的燕子會從四面八方陸續進場，在蘆葦叢上方集結盤旋，數量約有1～2萬隻之譜，場面非常壯觀值得前往欣賞。可以從捷運蘆洲站出發，沿著一民路往成蘆橋方向前進，走過越堤行人陸橋即可進入二重疏洪道，續行至成蘆橋的中點到達荒野的環境教育貨櫃屋，就是賞燕路線的起點了。

　　賞燕的主舞台還需要再往南行，位於成蘆橋與高速公路橋之間的蘆葦區，千萬別在成蘆橋下癡癡的等。賞燕大戲在太陽完全下山前三十分鐘上場，家燕呼朋引伴群起繞圈飛行鳴叫，彷彿在提醒已經整備完成的夥伴，隔日一早一起啟動航班出發。隨著白日漸短，開演時

間會從六點半逐漸提早，每年、每批次的燕群數量也都會有變化。如臺灣周邊有颱風形成，會讓原本該出發的燕子多留了些時日，該批次的燕群數量就有可能爆棚超乎預期。

　　非常推薦在八月分找個陽光普照、風速適中的日子，來五股溼地賞燕，親眼看見的當下會無比感動，原來離臺北都會區這麼近的地方，就有如此動人的生物遷徙畫面。

上萬隻的群燕開始繞場　攝影：無患子

五股溼地群燕飛舞

五股溼地燕群飛舞
攝影：無患子

📍大致路線 〜〜〜〜〜〜〜

捷運蘆洲站1號出口～三民路～堤防～成蘆橋下貨櫃屋～二重疏洪道北堤～成蘆橋下小溼地～蘆葦田賞燕平台～成蘆橋下～捷運蘆洲站

沿著河堤往成蘆橋下移動　攝影：曲惠蓮

1.荒野在成蘆橋下的教育中心　攝影：曲惠蓮
2.前往北堤探訪溼地生態　攝影：曲惠蓮
3.北堤灘地遠眺大屯火山群　攝影：曲惠蓮
4.五股溼地位於二重疏洪道　攝影：曲惠蓮

1.往南邊移動前往賞燕平台　攝影：曲惠蓮
2.成蘆橋附近就可觀察招潮蟹　攝影：曲惠蓮
3.成蘆橋旁就有個感潮埤塘　攝影：曲惠蓮
4.沿途可近距離觀察蘆葦棲地　攝影：曲惠蓮
5.一路觀察豐富的生態　攝影：曲惠蓮
6.到達賞燕區的大片蘆葦叢　攝影：曲惠蓮
7.賞燕平台前的埤塘水池　攝影：曲惠蓮
8.等待黃昏的燕群進場　攝影：曲惠蓮

北投復興崗家燕育雛

　　每年的春夏之際，是家燕北上到臺灣築巢育雛的季節，關渡地區有築巢所需的溼泥與豐富的食物來源，所以捷運復興崗站周邊的民宅騎樓就成為家燕育雛的熱點。

　　一對家燕在繁殖季平均會撫育2～3窩的小燕，目前六月中旬所觀察到的，大部分是第二窩的幼雛。站在騎樓下稍做等待，就會看到數隻黃口幼鳥，探出頭來等待親鳥。

　　看著每對親鳥忙碌的飛進飛出，這些小小燕卻餵也餵不飽似的，正如古人詩句中所描述「青蟲不易捕，黃口無飽期」，也因為如此的辛勞，家燕在這段育雛期間，體重是最輕盈的。

　　想看黃口小兒餵食秀的，可以帶著望遠鏡到北投復興崗附近的騎樓走走。

家燕育雛　攝影：無患子

家燕親鳥餵食秀

騎樓下家燕築巢育雛　攝影：林靜如　　家燕育雛影片　攝影：無患子

路線4
漳和溼地綠森林

　　漳和溼地所在位置神祕又特殊，就在中和交流道環狀引道的正中央，園區占地6.7公頃，水域面積近1公頃，屬於內陸型人工溼地，外圍輪廓由高速公路引道勾勒而出呈現水滴狀。漳和溼地的設置初衷是涵養水分、淨化水質，但伴生出的水陸多樣棲地，吸引周遭生物進駐，讓溼地的四季皆美，春天賞花、夏日訪蝶、入秋尋果、寒冬覓鳥，在車流環繞的吵雜都會叢林中，創造出獨特的生物方舟。

漳和溼地隱身在中和交流道
攝影：王明瑛

　　驚蟄時節萬物甦醒，經過綿綿春雨的滋潤後，漳和溼地會披上綠油油的外衣，植物們都生意盎然、油亮光鮮。池邊水柳盛開、樹木新芽齊萌，風箱樹的嫩紅新葉、水丁香的水亮黃花、像極了薩克斯風的臺灣馬兜鈴，都讓漳和溼地充滿春天的氣息。從入口意象、台階溼地、梯田溼地到生態埤塘，皆忠實呈現出淺山棲地原本就該有的樣貌，行走其間彷彿漫步在立體水森林之中。

　　如果在夏至前後造訪漳和溼地，所有的色彩都會鮮豔無比，滿滿的荷花池有著荷葉的鮮綠、荷花的鮮粉，剛洗完澡的紅嘴黑鵯，嘴巴真是紅得發亮。姑婆芋的紅果實，像極了鮮紅飽滿的玉米，這些都是溼地鳥兒的美食。夏至是構樹的成熟季節，一顆顆渾圓飽滿的紅色果實掛滿枝頭，鮮甜的聚生果是昆蟲的最愛，而橘紅穿插的馬利筋花朵，則像手牽手跳舞的開心女孩。

蜻蜓、蝴蝶這類翅膀需要陽光加溫的昆蟲，夏天就是牠們的舞臺，溫度越高蝶況越佳。如果你願意停下腳步欣賞牠們，帶上望遠鏡就可以觀察牠們身上多變的色澤與紋路，尤其是時有時無的物理折射幻彩。溪流旁的善變蜻蜓赭色翅脈無比清晰，白波紋小灰蝶的後翅有著明顯的眼紋與假觸角，在吸花蜜的同時會不斷上下摩擦，用以分散天敵的注意。紅脈熊蟬微張翅膀展開求偶的鳴唱，歌聲告一段落時更不忘排掉多餘的水分。

　　讓出一些空間給自然，人們就會擁有更多的回饋，在人口密集、車流量爆表的中和交流道，漳和溼地呈現出人和土地和平共存的曙光。在休養生息蟄伏多年後，日前正式開放事先申請入園，有興趣的朋友可以至新北市環保局網站報名參訪。優美的生態環境得來不易，希望到訪的朋友要友善對待。

紅脈熊蟬

鳴唱中的紅脈熊蟬影像
攝影：無患子

鳴唱中的紅脈熊蟬　攝影：無患子

大致路線 〰〰〰〰

錦和運動公園～漳和溼地園區入口～台階溼地～觀景平台～林間溼地～初沈池～戶外教室～埤塘溼地～梯田溼地～園區入口

1.漳和溼地園區入口木棧道　攝影：無患子
2.漳和開放事先申請入園　攝影：王明瑛
3.春天的漳和綠意盎然　攝影：呂碧霜
4.溼地裡有各式埤塘與溪流　攝影：無患子

1.水丁香的黃花小巧可愛　攝影：無患子
2.漳和溼地就像個水漾森林　攝影：無患子
3.善變蜻蜓有著赭紅色翅脈　攝影：無患子
4.風箱樹春天會長出嫩紅新葉　攝影：無患子
5.台灣馬兜鈴像極了薩克斯風　攝影：無患子
6.園區埤塘夏天有滿滿荷花　攝影：無患子
7.夏至有鮮綠荷葉鮮粉荷花　攝影：無患子

1.紅嘴黑鵯有著紅嘴巴紅腳爪　攝影：無患子
2.構樹的紅色果實是昆蟲最愛　攝影：無患子
3.馬利筋的花像跳舞的女孩　攝影：無患子
4.白波紋小灰蝶翅膀有假眼　攝影：無患子

白波紋小灰蝶

白波紋小灰蝶影像
攝影：無患子

獨角仙的美食饗宴～

　　說起來有點不好意思，自然觀察好一陣子了，不過還是第一次這麼近的拍下獨角仙的進食畫面。光蠟樹又名白雞油，是獨角仙們的最愛，牠們會邊啃邊吸邊往上推進，常常一棵樹上會掛著好幾隻。

　　還好獨角仙是直直往上推，不是橫著繞一圈，不然光蠟樹就活不了了，應該是獨角仙的爹娘有特別交代。第一段影片拍到的是雌獨角仙，第二段拍的則是有迷你角的雄獨角仙，兩隻都很努力的補充能量，朝繁衍下一代努力儲存能量。

正在吸食樹液的獨角仙　攝影：無患子

獨角仙-雄

正在吸食樹液的獨角仙-雄
攝影：無患子

獨角仙-雌

正在吸食樹液的獨角仙-雌
攝影：無患子

國家圖書館出版品預行編目資料

走吧！和大自然做朋友／無患子著. --初版.--臺
中市：白象文化事業有限公司，2023.7
　　面；　公分
ISBN 978-626-7253-93-9（平裝）
1.CST: 生態旅遊 2.CST: 人文地理 3.CST: 臺北市
4.CST: 新北市
733.6　　　　　　　　　　112003825

走吧！和大自然做朋友

作　　者　無患子
校　　對　無患子
發 行 人　張輝潭
出版發行　白象文化事業有限公司
　　　　　412台中市大里區科技路1號8樓之2（台中軟體園區）
　　　　　出版專線：（04）2496-5995　　傳眞：（04）2496-9901
　　　　　401台中市東區和平街228巷44號（經銷部）
　　　　　購書專線：（04）2220-8589　　傳眞：（04）2220-8505
專案主編　陳婷婷
出版編印　林榮威、陳逸儒、黃麗穎、水邊、陳婷婷、李婕
設計創意　張禮南、何佳誼
經紀企劃　張輝潭、徐錦淳
經銷推廣　李莉吟、莊博亞、劉育姍、林政泓
行銷宣傳　黃姿虹、沈若瑜
營運管理　林金郎、曾千熏
印　　刷　基盛印刷工場
初版一刷　2023年7月
初版二刷　2023年12月
定　　價　490元

白象文化　印書小舖　出版 · 經銷 · 宣傳 · 設計
www.ElephantWhite.com.tw　f 自費出版的領導者　購書 白象文化生活館